KB170076

지혜로의 초대와 복리의 힘

김학렬 지음

> 큰 지혜가 어리석게 보이는 것은
> 단순함 때문이다.

기원전

지혜로의 초대와 복리의 힘

1판 1쇄 발행일 : 2022년 9월 27일

지은이 : 김학렬

펴낸이 : 정태경

펴낸곳 : 기원전출판사

출판등록 : 제22-495호

주소 : 서울시 송파구 토성로38-6, 상가304호

전화 : 488-0468

팩스 : 470-3759

ISBN : 978-89-86408-75-1 03300

블로그 https://hak21ti.tistory.com
        (휴대폰에서는 /m 추가)

유태인이 위대한 인물을 많이 배출할 수 있는 데에는 훌륭한 교육이 있었기 때문이며 그 교육의 근간에는 탈무드라는 책이 있기 때문입니다.

반만년을 이어온 우리민족은 이인(異人)이 많으나 안타깝게도 숨은 이인(異人)들이었습니다.

이에 우리도 후세를 위해 탈무드에 비견할 책을 만들고자

지혜로의 초대라는 책을 출간하였는데 이 책은 '지혜로의 초대'에 대한 새로운 출판입니다.

따라서 이 책은 일반인을 위한 '지혜로의 초대'와 마찬가지로 누구나 참여해 개정할 수 있으며 개정하고픈 내용은 본인의 블로그(https://hak21ti.tistory.com 휴대폰 경우 /m 추가)의 개정난에 올리면 편집하겠습니다.

이 책을 출간하는 데 물심양면으로 도와준 동생 김양선과 그리고 사랑하는 가족에게 감사를 드립니다.

저자 김학렬

시작은 미미했으나 나중은 창대하도다.
인간이 시작하고 신이 완성한다.

목 차

제2장 우월한 힘(프리미엄 Premium)

서 문

진리라는 것은 결국 하나인데
사람들이 여러 가지로 표현할 뿐이다. <우파니샤드>

정신적으로, 도덕적으로 산다는 것하고 물질적으로 풍족하게 산다는 것은 같은 것일까?

민주주의와 자본주의가 극도로 발전한 현대는 그래서 개인적으로는 재테크(財Tech)가 성행하면서 '세상을 사는 데 있어서 착하기만 하면 잘살지 못하지.'라는 말이 진리처럼 인식되는 세상이 되어버렸다. 그런데 '착하면 세상을 잘살지 못한다.'와 '착하면 세상을 잘살지 못할 수 있다.'는 같은 의미일까?

위와 같은 질문에 올바른 대답을 하기 위해서는 시간에 대해 다시 한 번 생각할 필요가 있다.

착하면 세상을 잘살지 못할 수 있다. 그러나 이것은 짧은 시간에서의 이야기이다. 재테크에서 단시간에 이익을 보려면 단타 위주의 매매를 하면 된다. 그러나 재테크의 요지는 결국에는 오래 가지고 있는 사람이 승자가 된다는 것을 여러 경우를 통해 말해주고 있다. 도덕적 행위도 마찬가지로, 착하면 세상을 (짧은 기간을 두고 보았을 시에는) 잘살지 못할 수 있다. 그러나 긴 시간을 두고 보면 착한 사람이 결국 잘살게 된다.

이렇게 **도덕적 개념**과 **재테크의 개념**은 의외로 **같은 원리**에서 출발한다는 것이다. 즉 우리가 생각하는 여러 가지 불평등한 현실적 상황들이 긴 시간을 두고 보았을 시에는 결국 평등으로 돌아간다는 것이다. 이 책은 이러한 불평등이 발생하는 이유와 결국은 평등으로 돌아가게 되는 근본 원인이 무엇인가를 알려주려

하는 것이다.

산은 산이요 물은 물이다. 자연은 모든 사람들에게 똑같은 물을 주지만 목마른 사람이 먹으면 꿀물이 되는 것이고 보통사람이 먹으면 맹물이 되는 것이다. 여기서 맹물 먹은 사람이 자연에게 세상은 불공평하다고 이야기할 수 있겠는가?

그러므로 하늘의 도(道)는 지극히 평범하고 상식적이다. 그러나 사람이 천당도 만들고 지옥도 만드는 것이다. 즉 행복이나 불행도 다 자신이 만드는 것이다. 사람들은 행복과 행운을 혼동하는 것 같다. 나에게는 행운이 찾아오지 않으니 세상은 불평등한 것이고 그래서 나는 불행하다고 생각한다. 이것이 바로 앞뒤가 뒤바뀐 생각인 것이다. 즉 사는 데 있어서 궁극적인 목표는 행복이고 돈(행운)은 부수적인 것인데, 사람들은 돈이 궁극적인 목표라 생각하기 때문에 결국 행복을 놓치게 되는 것이다.

결국 우리의 진정한 바람은 행복인 것이다. 그러면 어떤 것이 근심 걱정 없는 행복한 삶인가? 그 길은 무엇인가?

행복을 위시해서 실제로 우리가 세상을 살아가는 데 있어서 꼭 필요하고 귀중한 이야기들, 우리에게 행복을 가져다줄만한 이야기들은 사실 지나간 위인들이 이미 수많은 책을 통해서 이야기 해왔기 때문에 또 다시 그런 이야기를 하자니 차라리 옛 고전을 읽으라고 하면 된다. 그런데도 그런 책을 많이 읽은 사람조차도 아직까지 무엇이 살아가는 데 있어서 중요하고 참된 길인가를 잘 모르고 있는 것 같다. 왜 그럴까?

그것은 안다는 것과 실제로 행한다는 것이 다르기 때문이며 또한 실제로 알아서 행한다고 해도 과연 그것이 옳은 것일까? 하는 의구심이 생기기 때문이다(진리에 대한 믿음이 부족하다는 것이다). 믿음이야말로 가장 지키기 힘든 것인데, 그것은 착한 일을 하면 복 받는다고 하지만 실제로는 착한 사람이 살아가기에 힘든 것이 현실 세상이기 때문이다.

그러면 어떻게 하면 사람들에게 이러한 의구심 내지는 불신을 없앨 수 있을까?

간단한 예를 들어 보자.

우리가 공부를 잘하는 방법 중에 이런 것이 있다. 무조건 외우지 말고 원리나 법칙을 이해하면 훨씬 공부가 잘 된다는 것이다. 이것은 수많은 경험을 통해 우리가 익히 알고 있는 이야기이다.

그래서 이 책은 왜 도덕적으로 살아야만 하고 왜 착하게 살아야만 하는가를 그리고 그것이 행복(금전적 여유와 만족)으로 인도하는 길이라는 것을 자연의 순리에 따라 설명함으로써 자연의 진리에 대한 불신을 없애고 보다 더 참된 삶을 살아갈 수 있는 방법을 공유하려고 하는 것이다. 즉 도덕이나 선행 등의 정확한 의미와 왜 그것들이 필요한지 그 근본 이유를 설명해 주려고 한다. 또한 불평등한 세계에 대한 대처 방안을 이야기할 것이다.

왜 도덕적으로 살아야 하는가? 그것은 **가장 훌륭한 경제행위**이고 따라서 **평등**적이고 **효율**적이기 때문이다. 이러한 도덕 등의 우리가 살아가는 데 있어서의 상식 수준의 진리에 관한 모든 이야기들을 평등이라는 기본 원칙에 의거해 전개할 것이다.

또한 이 책은 어느 혼자의 저술이 아닌 한국사람 누구나 참여할 수 있게 홈페이지를 만들었다. 그것은 개인의 독창성이 독단을 야기할 수 있기 때문이다. 부디 누구나 참여하여 지혜를 공유하여야 할 것이다. 그리고 또한 그 이유는…… 바로
세상에서 가장 큰 선행은 지혜의 나눔에 있기 때문이다.

이 이유도 역시 이 책에서 설명할 것이다.

가령 유태인의 지혜 중에 이런 이야기가 있다.

'자식에게 물고기를 주지 말고 물고기 낚는 법을 가르쳐주어

라.' 그런데 유태인의 지혜는 왜 '물고기 낚는 법'이 중요한지는 가르쳐주지 않았다. (너무나 당연하기 때문인가?)

그러나 이 책이 그 이유를 가르쳐줄 것이다.

그렇다고 절대선(絕對善 반드시 착해야만 하는 것)을 추구하는 것은 아니다. 반드시 착한 일을 하라는 것이 아니라 착한 일을 하면 복을 받으니 착한 일을 하라는 것이다. 이기적이다. 무척 이기적이다. 그러나 부처나 예수께서도 결코 절대선을 주장하지는 않으셨다. 그것은 사람들의 오해이다. '원수를 사랑하라'는 것은 절대선의 이야기가 아니라 '원수를 친구로 만들 수 있는 자가 진정한 교제의 달인이다'에 대한 높은 차원의 표현인 것이다.

자연의 이법을 사랑하라. 부모에게 효도를 하는 것은 그러면 자신도 자식에게 효도를 받을 수 있다는 것이다. 이 얼마나 훌륭한 재테크(?)인가. 복잡한 연금이나 부동산 역모기지 같은 것이 전혀 필요 없다. 부모를 봉양함으로써 나중에 자식으로부터 봉양을 받는 것이나 부모에 불효해 자식에게 냉대 받는 것이나 자신이 힘쓰는 일의 양은 결국 같으나 효과는 큰 차이가 있는 것이다. 만물의 영장인 인간이 어찌 조삼모사(朝三暮四)의 원숭이 흉내를 내려는 것인가? 착한 일을 하니까 복을 받는다는 자연의 단순한 진리가 왜 이다지도 사람들에게는 멀게만 느껴질까……

그래서 자연의 법도가 인간의 실생활에 맞추어서 이루어지는 것이 아니고 인간의 모든 행위와 생활이 자연의 법도에 순응하여 살아가야 한다. 이것이 바른 생각이며 뒤바뀐 생각을 없애는 길이다. 그래야 궁극적으로 행복한 삶을 누릴 수 있다.

이 책은 총 2장으로 구성되어 있습니다.

1장은 평등과 효율에 대한 근본 이야기를 썼으며 개인 각자에 대해 살아가는 지혜에 관한 것을 여러 가지로 정리하였습니다.

2장은 이번 개정판에 추가된 우월한 힘(프리미엄 premium)에 대한 내용으로, 세상은 평등하기를 원하지만 왜 실제로는 불평등한 일들이 발생하는가에 대해 이야기하였습니다.

유교의 말을 빌려 표현하자면 1장은 수신제가(修身齊家-개인수양)에 관한 것이고, 2장은 치국평천하(治國平天下-나라 다스림)와 현실세계에 관한 것이라 하겠습니다. 전체적인 내용은 할아버지와 손자인 대한(형)이와 민국(동생)이 간에 대화로 전개됩니다.

"자! 대한이와 민국이 뭐든 궁금한 것 있으면 할아버지에게 물어봐요." 할아버지께서 말씀하셨다.

"네. 열심히 물어볼 테니 잘 대답해 주세요." 대한이와 민국이가 씩씩하게 말했다.

"그래, 그런데 이것은 명심해야 한다. 즉 대답이 시원치 않은 것은 많은 경우 질문이 똑똑치 못하기 때문이란다. 그러니 명확히 질문을 하세요."

"네, 잘 알았습니다."

"그럼 시작해요."

제1장

평등의 힘:

(효율 MagiMin)

살아가는 데 있어서
가장 큰 지혜는
'세상에 공짜가 없다.'는 것이다.
평등이란
이 지혜를
간단히 표현한 것이다.

1-1. 평등의 특성 - 긴 시간

"할아버지, '착한 일을 하면 복을 받고
나쁜 일을 하면 벌을 받는다.'
라고 학교에서 가르쳤는데 실제로는 안 그런 것 같아요. 우리 반
에 한 친구는 마음씨가 아주 착한 아이인데 가난한 집에 태어나
고생하고, 어떤 애는 마음씨가 고약한데 집이 부자라서 편안히
잘 살아요."라며 이제 막 고등학교에 입학한 민국이가 무언가 마
음에 안 드는 얼굴로 할아버지를 쳐다보며 말했다.

"그래, 민국이가 고등학생이 되면서 사춘기인가 제법 생각이
많아졌네. 물론 민국이가 계속 살아가면서 그와 같은 경우를 더
많이 볼 거야. 그럼 과연 어느 것이 옳은 것일까? 만약 모순이긴
하지만 눈에 보이는 불합리한 현실 세계가 맞는 것 같다면 민국
이는 적당히 나쁜 짓을 하며 벌을 피해가며 살아가려고?"

"아이 할아버지도…… 그런 것은 물론 아니죠." 민국이가 정
색을 하며 대답했다.

"물론 그래야지. 그럼 민국아, 너는 도덕책에 나온 옛 성현들
의 말씀이 옳겠느냐 아니면 너의 말이 옳겠느냐?"

"그야 옛 성현의 말씀이 옳겠죠."

"그래. 그것은 성현의 말씀이라 옳은 것이 아니고 많은 경험
과 사색을 통해서 하신 말씀이기 때문이지. 그리고 너는 아직
어려서 생각과 경험 등이 적기 때문이란다."

"그러면 왜 현실은 '성현들 말씀'대로 이루어지지 않는 것일
까요? 즉 왜 착한 일을 해도 복을 받지 못하는 것일까요?" 민국
이가 제법 심각하게 질문을 하였다.

"하하. 복을 못 받는 것이 아니라 단지 복을 받는 데 걸리는

시간이 길다는 것이지. 그래서 성급한 사람들이 피부로 느끼지 못하는 거야. 사실 모든 것은 평등을 기본으로 하지만 평등에 도달하는 데는 시간이 걸리지."

"평등에 도달하는 데도 시간이 걸리나요?" 민국이가 이해가 되지 않는다는 듯 물었다.

"이해하기 쉽게 간단한 예를 들어보면 1-1은 얼마지?"

"에이 할아버지도, 그런 쉬운 문제를…… 그것은 0이죠." 민국이가 어이없다는 듯 할아버지를 쳐다보았다.

"과연 그럴까? 산술적으로 볼 때는 민국이 말이 맞지. 그러나 사실은 1-1보다는 0+1-1이 더 정확한 표현이고 이것은 아무것도 없는 상태(0)에서 한 개를 주었다(+1) 다시 빼앗는(-1) 것이므로 처음부터 아무것도 주거나 빼앗지 않는 '0'과는 다르지. 할아버지가 만약에 너에게 만원을 주었다 빼앗는 것하고 처음부터 돈을 주지도 빼앗지도 않는 것하고 느낌이 같겠어, 다르겠어?"

"그야 주었다 빼앗으면 기분이 나쁘죠. 그러고 보니 정말 1-1은 0이 아니네요."

"좀 더 자세히 이야기해 주마. 만약 형 대한이가 민국이에게 만원을 빌렸는데 빌리자마자 바로 갚으면 그것은 빌렸다는 행위의 의미가 없겠지. 빌렸다는 것은 일정시간이 지난 후 돈이 생긴 다음에 돌려주어야 두 사람 간에 빌림과 갚음이라는 행위(유위有爲)가 발생되는 것이지. 선행이라는 행위도 이와 마찬가지로 일정한 시간이 지난 후에 즉 시차(時差)가 발생한 후 복을 받게 됨으로써 선행이라는 행위가 평등으로써 이루어지는 것이란다."

"아, 잘 알았어요."라며 민국이가 환한 미소를 지었다.

"민국이는 학생이니까 다시 설명하여 주지."

"아이 할아버지, 또 공부에 대한 이야기죠?" 금세 눈치 챈 민국이는 인상을 찌푸리며 대답했다.

"꼭 학생이라서 이야기하는 것만은 아니야. 물론 학생의 본분은 공부인데 사실 학생이 아니더라도 사람이 평생에 걸쳐서 해야 할 공부의 양은 일정하게 정해져 있단다. 만약 네가 지금 공부를 하지 않으면 그것이 나중에 자란 후에 아무 상관이 없는 것이 아니라 그 모자란 만큼을 그때 가서 보충해야 한다. 만약 보충을 하지 않으면 어떤 형태로든 그만큼의 보상을 꼭 (노동의 형태든 고생의 형태든) 하여야 한다는 것이지.

예를 들어 그 양이 1,000으로 일정한데 지금 100밖에 못하였으면 결국 나머지 900을 나중에라도 해야 하며 만약 지금 500을 했으면 나중에 500만 하면 된다. 그러니 어쨌든 평생에 걸쳐 해야 할 양이 일정하게 있으며 그것을 미리 해서 칭찬도 받고 나중에도 편안한 것이 일생을 사는 지혜다. 이를 굳이 표현하자면 '총량 일정의 법칙'이라고 할 수 있지.

그런데 이것을 또한 이렇게 확대 해석할 수 있다. 즉 사람이란 지금 자기가 하고 있는 일이 만약 그것이 고생이라고 하면 그만큼 자기인생에 있어서 더 해주는 (플러스) 효과가 있어 나중에는 그만큼 즐거운 시간을 가질 수 있고, 만약 지금 내가 놀고 있다면 그것은 (마이너스) 효과로써 나중에는 반드시 보충해 주어야 하는 것이다. 즉 모든 일에 고생 또는 쾌락이 있으며 이에 대하여 플러스 대 마이너스 효과를 가지고 있어서 전체적으로 보았을 때는 영(zero)인 셈이다. 즉 긴 시간을 가지고 보았을 때는 서로 상쇄되어 영(zero)이 된다는 것이란다."

"꼭 수학 공부하는 것 같네요." 민국이가 중얼거렸다.

"그래 민국아. 내가 처음에 제시한 총량 일정의 법칙은 마치 수학에서의 자연수와 같으며, 이것을 확장 유도한 것이 정수(음의 정수, 0, 양의 정수)로서 바로 제로섬(zero sum: 합해서 영이 되는 것)이라는 것이다. 즉 자연계는 영(zero)이 되려 한다.

'-'(고생)이면 '+'(즐거움)으로 보충되어 영이 되려 하고 '+'(쾌락)이면 그만큼 '-'(고통)이 상대적으로 발생되는 것이다. 산다는 것은, 다시 말하여 살아 있다는 것은 움직인다는 뜻이고 여기에는 반드시 고생 또는 쾌락이 뒤따를 수밖에 없지. 그래서 고생과 쾌락이 한 번씩 발생하게 되는 것이다."

"잘 알았습니다." 민국이 형인 대한이가 어느새 옆에 와서 같이 듀엣으로 대답하였다.

"평등이 긴 시간이 지나야 이루어진다고 말씀하셨는데 그럼 짧은 시간 동안에는 어떻게 되는 것이에요?" 대한이가 물었다.

"궁금한가? 그럼 우리 이해를 돕기 위하여 한 가지 재미있는 놀이를 하지."

"재미없으면 용돈 주시기예요." 민국이가 얼른 대답했다.

"그래." 할아버지께서 웃으시며 대한이에게 동전 1개를 주셨다.

"지금부터 대한이는 동전 던지기를 하여 앞면이 나오면 '0' 뒷면이 나오면 'X'로 기록하되 10번 반복시행을 하여 기록하고, 민국이는 이 실험을 실제로 하지 말고 생각으로만 시행하여 종이에 적어라."고 하시고는 밖으로 나가셨다. 얼마 후 들어오셔서 실험결과를 받으셨다.

결과는 한 종이는 ① 0XXXX00XXX 이고

다른 종이는 ② 0X00XX00X0 였다.

할아버지는 "①은 대한이 ②는 민국이 것이지?" 하셨다.

"야! 할아버지 도사이시다. 어떻게 아셨어요?"라고 민국이가 눈이 휘둥그레지면서 할아버지를 쳐다보았다.

"하하, 그것은 상상실험자 즉 민국이는 이미 이런 시행은 둘이 동등 확률이라는 것을 알기 때문에 비슷한 확률시행으로 적은 것이고 그 결과 ②가 되는 것이다. 그러나 실제 실험을 한 대한

이의 경우처럼 적은 양의 경우에는 평등에 도달하기 전에 불균형의 지배를 받아 ①처럼 된단다. 즉

① 0XXXX00XXX - 실제실험자(대한)-불균형-사회적 진실

② 0X00XX00X0 - 상상실험자(민국)-평형-인과적 진리

가 된다. 참고로 사회적 진실이란 우리가 느끼는 어떠한 사실에 대해 그것이 진리의 관점에서 진실이냐 아니냐는 것보다는 일반 대중들이 진실이라 믿으면 그것이 바로 진실이 된다는 것이다(심리학 용어)."

"아니 동일하게 실험하면 똑같은 경우의 수가 발생되지 않나요?" 하고 민국이가 물었다.

"그것은 아주 많은 시행을 했을 때는 실험치가 이론치에 가까워짐을 알 수 있지(통계의 대수법칙). 그러나 적은 양의 시행일 경우에는 결과치가 한쪽으로 치우치는 경향을 보인다는 것이지. 또 다른 놀이를 해볼까?"

"이번에는 무엇인데요?" 민국이가 물었다. 할아버지는 다른 방에서 주머니 두 개를 갖고 오셨다.

"여기 있는 두 개의 주머니는 외형상 똑같이 보여서 구별이 가지 않지만 한쪽 주머니(A라고 하자)에는 흰색구슬 50개와 적색 구슬 100개가 들어있고 다른 주머니(B라 하자)에는 흰색구슬 100개와 적색구슬 50개가 들어 있다. 자, 대한이와 민국이가 각자 따로따로 구슬을 꺼내는데 대한이는 그 중 한 주머니에 손을 넣어 5개의 구슬을 꺼내고 민국이는 나머지 주머니에서 30개의 구슬을 꺼내는 것이다."

"네." 하며 대한이와 민국이는 할아버지가 시키는 대로 했다. 그 결과 대한이는 4개는 적색이고 1개는 흰색이었으며, 민국이는 20개가 적색이고 10개가 흰색이었다.

"자, 할아버지가 맞추어 볼까? 민국이가 선택한 주머니가 A주

머니(적색구슬이 더 많은 주머니)이고 대한이가 선택한 것은 B주머니야." 이에 둘이서 얼른 주머니를 확인해 보니 할아버지 말씀이 맞았다.

"어, 할아버지! 어떻게 아셨어요?" 민국이가 약간은 놀라는 표정으로 물었다.

"그것은 단순계산으로는 대한이가 선택한 주머니가 적색이 많은 주머니일 확률이 민국이가 선택한 경우의 확률보다 높게 보이지만 실제 답은 민국이가 되며 그 이유는 샘플의 개수가 많을수록 결론을 더 신뢰하기 때문이다. 여기서 대한이는 바로 사회적 진실이 통하는 둘 이상의 적정량의 확률시행인 것이고 민국이는 많은 양의 인과응보가 통하는 확률시행인 것이다. 즉

대한—적색4개 흰색1개 총 5개——둘 이상 적정량—불균형
민국—적색20개 흰색10개 총 30개—많은 양의 시료—평형
이 된다는 것이지."

"정말 희한하네요!" 민국이가 대답했다.

"이러한 통계의 자료수가 많을수록 이론값에 가깝다는 것은 긴 시간이 지나야 진리에 근접하다는 것과 유사하지.

진리	절대적 진리	사회적 진실	인과적 진리
시차	없음(평등)	약간의 시간	긴 시간
개수	하나	둘 이상 소량	많은 량
법칙	인과응보	구조적 우위	인과응보

이러한 개수의 차이로 인한 것을 공간적 불평등이라고 하고 시차로 인한 것을 시간적 불평등이라 하지."

"잘 알았습니다. 그런데 실제 살아가는 데 있어서의 이해될 만한 적절한 예는 없나요?" 민국이가 물었다.

"예를 들면 뛰어난 사냥꾼의 최대 무기는 인내라는 말이 있지. 이는 평등(경제적 이득-사냥에 성공)에 도달하기까지 일정시간을

반드시 기다려야 한다는 거야. 또한 재테크(財tech)에 이런 이야기가 있다. 많은 사람들이 가난하게 사는 이유는 부자가 되려고 1~2년 노력하다가 포기하기 때문이다. 진실로 부자가 되기 위해서는 적어도 5년 이상을 노력하여야 한다는 것이다. 중국 춘추전국시대 월나라에 범여라는 신하가 있었다. 그는 오나라와의 오랜 전쟁 결과 승리한 후에 스스로 월나라를 떠나서 다른 나라로 가 돈을 벌기 시작하였다. 그는 거기서 19년 동안 세 차례나 거금을 벌었다고 한다. 이것은 대략 6년마다 한 차례씩 거금을 벌었다는 것이다. 이렇게 꾸준히 노력을 해야 부자가 될 수 있는 것이지."

"잘 알았습니다."

"다른 예를 들면 어떤 사람이 부동산 재테크를 하기 위해 처음에 작은 집을 산 후 계속 돈을 모아 조금씩 큰 집으로 이사를 갔다. 수년이 지난 후 얼마간의 큰 집을 장만하고 우연히 과거 자기가 처음 살던 동네를 찾아갔는데 그곳이 재개발을 하여 집값이 (현재 그가 소유한 집의 가격보다) 크게 올랐다는 것이다. 과연 평형에 도달할 때까지 기다린다는 것이 얼마나 경제적인 재테크 행위인가 새삼 느낄 수 있다(물론 부동산 투기로써 재개발을 권장하는 것은 아니다).

그래서 **세상은 평등한 것**이다. 우리가 아프리카의 초원을 한 번 살펴보자. 이 초원에는 두 가지 생물군이 존재한다. 즉 포식자(먹는 자)와 피식자(먹히는 자)가 있지. 자연의 섭리로 볼 때 대표적인 포식자라 할 수 있는 사자나 표범이 피식자인 사슴이나 물소를 잡아먹는 것은 지극히 당연한 일이라고 한다.

만약 사슴을 잡아먹지 않으면 사슴의 개체수가 불어나 산과 들에 있는 온갖 잡초와 풀들을 황폐하게 만들어 버린다. 반면에 또 초식성 동물의 개체수가 너무 적으면 식물들이 너무 많이 자라 자연의 균형을 깨뜨리게 된다.

그래서 자연의 섭리라는 것은 균형이 유지되도록 적당히 동물들을 잡아먹을 수 있다는 것이다. 그것이 사실이라면 초식동물은 너무 불쌍한 것이 항상 죽음의 공포에서 벗어나질 못하게 된다. 누군 운이 나빠서 초식성 동물로 태어나고 누군 운이 좋아 육식성 동물로 태어나고……

그러나 상대적으로 사슴은 생명의 위협을 항상 받지만 그들 중의 일부만 희생(육식동물의 먹이)하면 넓은 초원에서 배불리 먹을 수 있는 반면에 맹수들은 생명의 위험은 덜 느끼지만 항상 먹이를 찾아다니는 힘든 하루를 보내야 한다. 치타라는 동물은 상당히 빠르고 힘이 있어 자연계에 천적이 없는 상태이다. 그러나 항상 많은 시간을 굶주려 있다. 그러니 과연 세상은 평등하고 균형이 이루어지게 되어 있다.

세상에 결코 기적은 없다. 다만 노력이 있을 뿐이다.

미래는 신도 알지 못한다. 만약 신이 미래를 알고 있다면 그리고 그 미래를 그대로 두면 그것은 모르는 것과 마찬가지이다. 또한 만약에 알고 있는 미래를 바꾼다면 그것은 신이 미래를 잘못 알고 있다는 자가당착에 빠지게 된다. 결국 미래는 어느 누구에게도 바뀔 수 없는 것이다.

명백한 미래는 **착한 일을 하면 복을 받고 나쁜 일을 하면 벌을 받는다**는 것이다. 다만 세월이 걸려 사람이 인지하지 못할 뿐이다. 점을 쳐서 길흉화복을 예측하고 운명을 바꾼다는 것은 무엇인가? 그것은 운명을 비껴가는 것이 아니라 단지 순서만 바꾸는 것이다. 지금 비껴가더라도 언젠가 자기의 죄에 대한 벌은 반드시 받는 것이다. 알았니?"

"네."

"그래서 사람이 태어날 때 이미 차별적으로 태어나기 때문에 어쩔 수 없는 것이지만 자신이 생을 살아가면서 노력 또는 게으름에 의해 그것이 증감되며 자신의 미래가 결정 되는 것이다. 이 것이 만약 여러 생을 걸쳐 이루어진다면(장기간) 결국 평등하게 된다는 것이다.

잘 알겠지?"

"네, 알았습니다."

"사람들이 흔히 운7기3(運7技3, 운 즉 요행 또는 운명이 70%, 자기노력 즉 기술이 30%)이라고 이야기하지만 운이라는 것도 실은 과거의 자신의 행위에 대한 결과물인 것이다. 즉 사람의 운명이란 정해져 있는데 그것은 과거의 자신의 행위에 대한 당연한 응보이기 때문이다. 그래서 그것은 반드시 일어나게 되어 있는 것이다. 그래야 세상이 공평한 것이니까.

이를 근거로 우리는 자연의 조언(助言)을 이야기할 수 있지.

자연의 기본조언(助言): 평등

세상에 공짜는 없다.

<자연은 반드시 평등으로 진행되며 이에 도달하기
위해서는 일정한 시간과 많은 시행이 필요하다.>"

1-2. 신의 공소시효

"그런데 할아버지, 불교에서 이야기하는 전생이나 내생은 과연 있는 걸까요? 아직도 확실치 않은데 어떻게 생각하면 지나친 개념의 확장으로 인한 오류가 아닐까요?" 민국이가 제법 어려운 문자를 써가면서 물어보았다.

"그래, 그렇게 생각할 수도 있지. 그럼 이해를 쉽게 하기 위해 다른 이야기를 해보자. 인류가 자연을 정복하고 잘 살게 된 이면에는 과학기술의 발달이 큰 역할을 했지. 이러한 과학은 실험과 이론의 반복된 역사라고 할 수 있지. 실험으로 얻어진 데이터를 잘 설명할 수 있게 이론적 수식을 만들고 이를 근거로 실험을 통해 확증하지.

그런데 실험을 하다 보면 측정할 수 없는 영역이 존재하는데 이 모르는 부분의 값을 예측하기 위하여 과학에서는 외삽법(外挿法 extrapolation)이라는 방법을 사용해 추정하지. 즉 과거의 데이터를 그래프화하여 추후 데이터 값을 예측하는 방법이지.

불교에서 말하는 전생과 내생도 과학적인 관점에서 볼 때는 일종의 외삽법을 사용한 개념이라 이야기할 수 있지(물론 외삽법을 사용한 것이 반드시 옳다고는 할 수 없다). 즉 불교의 기본생각인 인과법칙을 사람이 살아가는 데 적용하면 살아생전에 죄를 지었는데도 벌을 받지 않고 죽으면 자연적 추론으로 내생을 생각할 수가 있지. 이를 조금 어려운 말을 사용하면 '가설적 추론법'(연역법 및 귀납법과 더불어 논리적 전개의 한 방법)을 사용한다고 할 수 있지."

"그래요? 불교에도 과학적인 면이 있네요. 그럼 만약 전생과 내생이 있을 수도 있다면 과연 죽으면 어떻게 되는 거예요?"라고 민국이가 걱정 반 궁금증 반으로 물어보았다.

"글쎄 만약에 민국이는 내생이 있으면 착한 일을 하여 부잣집에 다시 태어나 잘살고 싶고, 내생이 없으면 적당히 걸리지 않게 나쁜 짓 하려고?"

"아이 할아버지도, 저를 어떻게 보고……" 민국이가 약간 민망한 눈초리로 쳐다보며 말했다.

"그래, 민국이는 그러지 말아야지. 그래서 일반적으로 사람이 죄를 지으면 즉석에서 벌을 받게 하는 것이 가장 효과적이지만 현실적으로는 그렇게 이루어지기가 힘들지.

그래서 죄를 지으면 반드시 벌을 받아야 하나 사회가 더욱더 복잡해지면서 죄에 대한 사실이 발각되지 않은 상태에서 일정한 기간이 지나면 그 죄를 자동적으로 사면해 주는 제도가 생겨나게 되었다. 이것을 법률용어로 공소시효라고 한다. 이것은 사람이 법을 집행하는 데 있어서의 여러 가지 문제 때문에 이와 같은 제도를 만들었다고 생각한다.

그런데 사람들은 이 법이 마치 자연의 법칙인 것으로 착각한다. 인간은 자기가 살아생전에 죄를 짓고 (재수가 있어서) 법의 집행을 피해가거나 하늘이 벌을 안주면 죽은 후에는 면죄부를 받는다고 즉 자기 죄는 죽음과 함께 소멸된다고 생각한다. 다시 말해 그 죄에 대한 공소시효 기간이 자기 살아있는 동안이라고 생각하지. 이것은 참으로 어리석은 생각 아니니? 민국아."

"정말 그러네요. 내세가 있으면 착한 일을 할 것이고 없으면 나쁜 일을 할 것인가요?" 민국이가 대답했다.

"예를 들어 운전자에게 가장 무거운 형벌은 운전면허 취소 즉 운전 자체를 못하게 하는 것이지. 마찬가지로 사람에게 있어서 가장 무거운 형벌은 사형인 것이다. 그런데 어떤 면에 있어서는 운전자의 면허취소보다 더 무서운 것이 있다. 그것은 형사 처벌인 것이다. 즉 면허취소는 단지 운전만 하지 않으면 되지만 형사처벌은 그 죄과에 대한 벌까지 받아야 하기 때문이다.

　사람에게 있어서도 마찬가지인 것이다. 즉 가장 무거운 형벌인 죽음은 단지 죽으면 끝난다고 일반적으로 생각하지만 자기가 생전에 죄를 짓고 살다 죽으면 단순히 죽음으로 끝나는 것이 아니라 사후에도 죄과에 대한 (형사)처벌을 받는 것이다. 이것이 당연한 것이고 만법의 원리인 것이다. 따라서 자살함으로써 모든 것이 해결될 거라는 생각은 전혀 틀린 생각이다."

　"자살이 해결책은 아니란 말씀이군요."

　"그래서 사람들끼리 밝힐 수 없는 비밀이 있을 경우 흔히 '이 사실은 무덤까지 가져가야 한다.'라는 말을 많이 한다. 이것은 사람들이 무의식중에 살아있을 동안에만 비밀이 유지되면 된다고 생각하여 마치 (신의) 공소시효가 있는 것처럼 이야기하지. 하지만 그것은 크나큰 착각이야.

　신은 결코 죗값에 대하여 공소시효를 만들지 않는다. 만약 자연세계에도 공소시효가 있다면 그것은 너무나 비합리적이기 때문이지. 따라서 사람이 죽은 후에는 신께서 더욱 가혹하고 확실한 재판을 하시는 것이다.

　차라리 신께서는 사람이 살아 있을 동안은 심판을 하시지 않는다. 스스로 깨우쳐 살아생전에 자기 죗값을 갚으라고 하신다. 그래도 못 깨우치고 신의 공소시효가 있는 것처럼 생을 살다간 사람에게 신은 사후에 준엄한 심판을 내리시는 것이다. 모든 사람을 살아생전에 자기 죄를 뉘우치게 하거나 죗값을 받게 하려면 인생 100세를 주어도 모자랄 수가 있게 된다. 살아가는 일생 내에 원인과 결과가 다 정해질 수 있게 한다면 얼마나 많은 세월의 생애가 필요하겠는가?"

　"맞네요. 기회는 항상 주어지는 것은 아니지요. 저도 학교 다닐 때 열심히 해야지 나중에 대학 떨어지면 하소연할 곳도 없겠지요." 민국이가 알겠다는 듯이 말했다.

"당연하지. 그래서 한 가지 예를 들자면 고대 로마는 자기가 정복한 나라를 속주로 하고 이 속주를 통치하기 위해 총독을 파견했다. 그런데 속주민들은 이 총독에게 복종할 의무가 있는 반면 속주통치에 문제가 있을 시 로마 본국에 고발할 권리가 주어진다. 그러나 이 고발은 총독임기가 끝난 후에야 가능했지. 그것은 총독에 대한 전체적인 평가는 그 총독의 임기가 끝난 후 임기 전체를 대상으로 해야 한다고 생각했기 때문이다. 이것이 바로 신이 사후에 심판을 한다는 의미인 것이다.

그 사람에 대한 정확한 심판은 그 사람이 죽은 후에나 내릴 수 있다는 것이다. 만약 우리가 자연의 이법이 평등에 근간을 두고 있다고 생각한다면 천당이니 전생이니 내생이니 하는 이야기에 대해 추호도 의심을 가질 이유가 없게 된다. 평등의 관점에서 보았을 때 너무나도 당연한 이야기이기 때문이다."

"잘 알겠습니다. 그런데 할아버지, 왜 사람들은 나쁜 일을 할 때 죄의식 없이 행하게 되죠?" 민국이가 물었다.

"그 전에 먼저 민국이에게 한 가지 물어보자."

"네, 얼마든지요." 민국이가 자신 있게 대답했다.

"민국이는 어제 자신이 한 일이 전부 착한 일인가?"

"그렇지는 않지요." 얼굴을 약간 수그리며 대답했다.

"그럼 어제 한 나쁜 일이 전부 기억이 나나?"

"약간은 나고 또 일부는 무의식중에 했고요."

"그럼 일주일전 것은?"

"그것은 생각이 잘 안나요."

"하하. 본인이 남에게 나쁜 일을 한 것은 대개 금방 잊어버리지만 남이 나에게 한 나쁜 일은 오래 기억나지. 그렇지?"

"생각해보니 할아버지 말씀이 맞네요. 저는 형이 나를 괴롭힌 것만 생각이 나는데요." 민국이가 형을 힐끗 보며 대답했다.

"사람이 살아가면서 평등이 진리라는 것을 피부로 절실히 느끼지 못하는 이유 중의 하나가 자기가 한 일이 바로 보답 또는 대가를 받지 않기 때문이지. 어떤 경우에는 아예 보답이 되지 않는 경우도 발생하지. 그래서 사람들은 죽으면 모든 것이 끝나는 즉 공소시효로 사건이 종결되는 것으로 생각하지. 그러나 길게 생각하여 보면 좀 더 확실한 것을 느낄 거야.

가끔 우리는 '아이고 전생에 내가 무슨 지은 죄들이 많아 이 고생을 하나'라는 이야기를 듣게 되는 것이지. 그러나 내가 알지 못하는 전생 때문에 그 업보를 받는 것은 부당하다고 생각하면 안 된다. (물론 모든 사람이 부당하다고 생각하지만) 내가 작년에 저지른 잘못, 지난 달 아니 어제 지은 잘못, 심지어는 현재 자기가 나쁜 일을 하면서도 나쁜 일이라고 자각 못하는 경우가 얼마나 많은지 생각해 보아야 한다. 이런 것들도 잘 기억을 못하면서 어떻게 전생에 지은 잘못을 기억할 수 있겠는가?

전생(前生)이란 실은 어제가 될 수 있고

한 달 전 또는 일 년 전이 전부 **전생이** 될 수 있는 것이다.

내생(來生)도 마찬가지로 **내일, 다음 달** 또는 **일 년 뒤가**

다 나의 **내생인** 것이다. 특별히 사후(死後)니 생전(生前)이니 하는 것은 다 경계심을 주려고 하는 것뿐이다.

지금 이 순간에도 나는 미래의 업을 짓고 있는 것이다. 그런데 자신이 악을 지으면서 악이라고 생각하는 경우가 있을까? 만약 그렇게 생각한다면 마음의 가책으로 무척 괴로워할 것이다. 이러한 괴로움에 벗어나기 위해서라도 자기 정당화를 하게 되고 자연히 자신은 나쁜 짓을 하지 않는다는 생각을 하게 된다.

사람들이 흔히 나이 먹어 후회하기를 내가 만약 다시 젊어진다면 다른 좀 더 나은 생을 살 거라고 생각하지만 실은 그렇지 않아. 예를 들면 대학에 떨어져서 재수를 하는 경우 이는 마치 1년 전(고3시절)으로 생을 되돌린 것과 같지만 실제로 재수를 하여서 실력이 전보다 향상된 경우가 많지는 않지.

그러니 내가 무슨 죄를 지었는지 잘 모르는 전생의 과보에 대해 지금 대가를 받고 있는 것은 불평등하다는 것은 말 그대로 자기합리화인 것이다."

"그런데 할아버지, 왜 사람들은 자기가 한 나쁜 행위를 기억하지 못하는 것이죠?"

"그것은 사람의 머리 구조가 모든 것을 다 기억에서 불러내오면 그것은 큰 고통일 것이야. 그래서 일부만 불러오는 형태로 발전되었지. 즉 일종의 자기 방어적인 발전이지.

또 다른 이유는 모든 사람은 자기가 유리한 방향으로 생각하는 경향이 있지. 그렇기 때문에 사람들은 어제 자신이 잘한 일만 기억하고 잘못한 일에 대해서는 전혀 생각하지 않고 오늘 닥쳐온 결과에 대하여 원망을 하게 된다.

그러므로 일주일 전은 고사하고 지금 현재의 자기 행위도 자기합리화에 의한 잘못된 행위라는 것을 과연 어느 누가 느낄 수 있겠는가? 그래서 사람들은 현재 자신은 아무 잘못이 없는데 갑자기 닥쳐온 불행에 대해 (당연히)이해를 못하는 것이지. 그래서 이를 전생의 탓으로 돌리기에는 황당하다는 생각이 든다는 거지."

"그러면 왜 사람들이 죄악을 저지르고도 죄의식을 느끼지 못하나요?" 민국이가 정말 궁금한 듯 물었다.

"거기에는 두 가지 이유가 있지. 한 가지는 외부적 요인 즉 사회적 진실로 인해 도덕불감증에 걸리는 것이고(이른바 관행이라 하며 자기 잘못을 정당화시키는 것. 잘못도 관행적으로 내려오면 정당한 일이 되나?), 다른 하나는 내부적 요인 즉 모든 사람이 자기 자신의 행동에 대하여 합리화하기 때문이다. 이 말인즉슨 자기가 나쁜 행위를 하고 나중에 이를 모면하기 위하여 자기합리화를 하는 것이 아니라 인간은 **처음 행위 때부터 자기 합리적**으로 생각을 하여 행동을 한다는 것이지. 따라서 본인이 죄악을 저질러도 죄의식을 못 느끼는 이유가 이미 본인에게는 합리화된 행동이기 때문이다.

모든 행위에는 반드시 이유가 있다.

그러므로 상대방의 숨겨진 입장을 잘 파악하라.

상대방이 나의 마음에 들지 않게 행동할 때 가만히 그 사람의 상황과 수준을 살펴보면 반드시 나름대로의 (악의든 선의든) 이유가 있기 때문에 그러한 행동을 하게 되는 것이다."

"쉽게 예를 들어 주세요."

"그래. 만약 본인이 지금 회의석상에 참석하고 있다고 가정하자. 그때 약간 지루하여 볼펜으로 조그만 소리를 내었다고 하자. 그런데 이상하게도 이 소리를 내는 본인에게는 전혀 거슬리지 않으나 그 옆 자리에 앉아 있는 사람이 듣기에는 무척 귀에 거슬린다. 똑같은 소리를 들었는데도 타인이 할 때는 공해로 들리고 자신이 할 때는 아름다운 음악(?)이 되는 것은 무엇 때문일까? 이것은 자명한 이치다.

그것은 왜냐하면 소리를 내는 사람 귀에 만약 그 소리가 거슬리게 들렸다면 당연히 그 사람은 그 소리를 내지 않았을 것이니까, 즉 자기에게 이득(利)이 되지 않는 행위를 굳이 하지 않을 것이다. 다시 말해 자기 행위가 스스로 합리화가 된 것이다. 이와 같이 모든 다툼을 잘 살펴보면 그 내면에는 자기합리화가 있는 것이다."

"자기합리적인 생각이 무엇인지 더 자세히 설명해 주세요."

"그것은 사람의 내부에는 자신에 대한 이익과 타인에 대한 양보가 공존하는데, 이익이 양보를 이겨 자기에게 유리한 방향으로 항상 생각하게 되는 것이다. 자기합리화가 안 된 상황(즉 남의 형편을 고려할 줄 아는 양보하는 마음)에서는 누구도 그 순간 악을 자행할 수는 없다.

내가 남과 싸우는 것은 남이 내게 무언가 잘못을 했다고 스스로 생각하기 때문이요 상대방도 마찬가지인 것이다. 위의 예에서 볼펜으로 소리 내는 사람은 소리 내지 말라는 상대를 이해하지 못할 것이다. 나는 듣기가 좋은데 라고 생각하기 때문이다.

전 미국을 공포로 떨게 한 암흑가의 황제 알 카포네도 자기는 세상이 자선가인 자신을 몰라보고 자신의 선함을 오해하고 있다고 말했다. 어느 형무소 소장의 말에 의하면 대개의 수감자들은 자기 자신을 악한 사람이라고 생각하지 않는다고 한다. 그리고 자기의 범죄 사실에 대해 그럴듯하게 설명을 한다는 것이다. 이것은 그 사람이 자기 죄를 숨기려는 것이 아니고 실제로 **스스로** 그렇게 생각하고 있다는 것이다.

즉 **인간은 스스로 자기를 나쁘게 생각하지 않는다**는 것이다. 과연 어느 누가 스스로 나는 이제껏 현재 살아오면서 아무 나쁜 짓도 하지 않았고 따라서 과보를 받을 일도 없다고 당당히 이야기할 수 있겠는가?

위의 자기합리화의 의미는 자기가 어떤 일을 행한 후에 일종의 변명으로써 행해지는 개념이 아니라 자기입장 즉 자기의 (도덕적)기준에 의거해 행해지는 개념인 것이다. 즉 사람이란 원천적으로 기준이 다르면 행함도 다르고, 따라서 그에 대한 평가도 (자기 기준에 의거)다르게 되며 본인 입장에서는 당연히 자기 행동이 타당하고 합리적이라고 생각하게 되는 것이다.

따라서 남과의 다툼이 있었을 때 가만히 그 원인을 생각해 보면, 각자의 주장은 서로 합리적인데 그 행동의 기준이 다르기 때문에 서로 이해가 상충되는 것을 발견할 것이다.

싸움이라는 것은 선과 악의 싸움이라기보다는 많은 경우들이 (자기 **입장에서의**)선과 **선끼리의 싸움**인 것이다. 모든 사람들이 싸울 때는 누구나 자기는 좋은 편, 상대방은 나쁜 편이라고 한다. 그래서 '너의 불행은 나의 행복'이라는 말이 나오게 되나 그것은 서로가 자기합리화를 하는 것이다. 왜냐하면 항상 사람은 자기의 결점은 스스로 잘 보지를 못하기 때문이다. 따라서 사람들은 의식적이건 또는 잘 모르기 때문에(무의식적으로) 자기가 한 일에 대한 타당성을 추구하게 되어 있다.

모든 사람은 (자기합리화가 아니고)

자기 입장에서는 항상 합리적이다. 어떠한 악인일지라도……. 세계대전을 일으킨 나라도 그 당시 **자기 국민의 관점**에서 보았을 땐 상당히 합리적인 결정이었다. 이러한 자기합리화 때문에 사람은 현재 자신이 죄를 짓고도 죄의식을 못 느끼게 되는 것이다. 하물며 한 달 전, 일 년 전, 더 나아가 전생의 일에 대하여는 더욱더 자기합리화하게 된다."

"잘 알았습니다."

"자신의 관점에서 보면 정당하지만 전체적으로 보면 불합리하다는 것은 보는 시야가 좁다는 것이지. 수많은 사람을 죽인 킬링필드의 주역 폴 포트 경우에도 집권세력의 관점에서만 보면 정당한 행위라 생각할 수 있는 거지.

또 한 가지 이야기하면, 사람들은 평등과 차별에 대하여 혼동하는 것 같아. 만약 대한이는 공부도 열심히 잘하고 말도 잘 듣는데 민국이는 게으르고 공부도 안하고 말도 잘 안 듣는다고 가정할 때 대한이만 예뻐하고 민국이를 구박하면 이것이 편애이고 차별일까? 위와 같은데도 너희 둘을 똑같이 좋아하면 민국이는 게으른 것이 당연하다고 느끼게 되어 결국에는 게으름을 연장시키는 결과가 된다. 따라서 모든 일에 있어서 그 원인과 결과를 각자 단독으로 생각할 때에는 세상은 불평등하고 차별이 심한 것처럼 보인다.

즉 한쪽만 보았을 때 시야가 좁은 상태로 세상을 보게 되는 것이다. 그러나 원인과 결과를 묶어서 생각할 때에는 평등의 의미가 명확해진다. 0(zero)을 평등으로 보았을 때 +1 또는 -1 각각 한 가지만 보면 안 되고 +1-1을 보아야 답이 0이 되는 것과 같다.

그래서 사람들은 자기합리화로 인해 자신의 잘못된 행위에 대해 부끄러움을 느끼지 못하는 경우가 발생하지. 요즘 청소년들이 죄를 지어도 반성하거나 죄의식을 느끼지 않는 경우를 가끔 TV에서 보게 되는데 사회적으로 큰 문제가 되지. 이러한 행위는 모든 것은 자기 나름대로의 구조가 형성되고 이것이 자신의 생각의 수준이 되어버리므로 그 수준만큼만 이해를 하기 때문이지. 사실 **부끄러움**과 **죄의식**은 사람에게 가장 중요한 요소의 하나로써 자기 개선 및 개발에 가장 중요한 것이 되지. 일단 죄의식이 있어야 그 다음 반성을 하고 다시는 잘못을 되풀이하지 않겠다는 생각을 하게 되지. 너희들도 부끄러운 마음을 가진다는 것이 중요하다는 것을 잘 알아야 한다."

"네, 잘 알겠습니다."

"할아버지가 젊었을 때 회사를 다니면서 사내교육 내지는 사외교육을 많이 받았지. 그 많은 교육 중에서 유익하게 느낀 교육 중에서도 가장 기억에 남는 교육이 바로 카운슬링 기법이라는 교육이다. 이 교육을 받으면서 살아가는 동안에 받은 가장 충격적이며 인상적인 경험을 하였다. 카운슬링 교육은 각 그룹별로 나누어 진행되었고 그 중 한 그룹에 나는 속하게 되었다. 그때 하나의 과제가 주어졌고 그 과제에 대한 의견을 각 그룹별로 토의하는 것인데 그 토의하는 과정을 담당강사가 video카메라로 촬영하였다(물론 찍는다는 것을 **미리 각 팀원에게 통보**하였다). 각 그룹별로 토의가 끝난 후 토의과정을 찍은 것을 video player를 통하여 우리들에게 보여주었다. 그 video를 보는 순간 나는 충격을 받았다.

내가 생각하는 평소의 나의 행동 내지는 그에 관련된 성격 등과 video에 찍힌 나의 모습과 너무나 차이가 있는 것이다. 거기에 찍힌 나의 모습은 급하고, 오만하고… 등등이었다. 이때 나는 느꼈다. 과연 내가 생각하고 있는 나와 남이 생각하고 있는 나와는 너무나 차이가 있다는 것을…….

아무리 내가 올바르게 행동하고 착하고 정당하다고 내 스스로 생각을 하여도 실제 남이 보고 느끼는 실상과는 너무 많은 차이가 있는 것이다. 사람이란 자신이 저지른 죄악에 대해서는 자기 스스로 기억에서 배제시켜 버리기 때문에 나중에 그에 대해 물어보았을 때 자기는 잘못이 없다는 것을 타인에게뿐 아니라 자신 스스로에게도 확신하게 된다. 또한 사람이 매 순간순간에는 진실을 깨닫지 못한다. 그러나 긴 세월이 지나게 되면 깨닫게 되는 경우가 많다. 마치 매일 매일 늙어가는 것을 느끼지 못하나 긴 세월이 지나면 자연적으로 느끼는 것같이……. 그래서 세월이 지난 나중에는 진실에 대한 후회가 더 큰 법이다."

"잘 알았습니다."

"이렇게 자기 자신의 행동을 바로 보지 못하는 이유는 예를 들면 냇물이 흙탕물이면 그 속에 무엇이 있는지 보지 못하듯이 마음이 맑지 못하면 자기의 잘못을 보지 못하게 되는 거와 같지. 그래서 **마음이 맑고 고요해야** 현재 또는 과거의 자기가 잘못한 행동을 볼 수 있게 되는 거야. 이렇게 잘못을 고침으로써 앞으로 나가는 사람이 될 수 있지.

　마음을 맑게 가지기 위해서는 거짓말을 하지 말아야 한다. 진실 된 삶이야말로 마음을 닦는 기본이다. 그래서

　세상에서 가장 무서운 것은 진실이라고 했다."

　"네, 잘 알았습니다." 민국이가 힘차게 대답했다.

1-3. 복리의 위대함

"할아버지, 선행을 한 번에 많이 하는 것이 좋아요, 아님 적지만 자주 하는 것이 좋아요?" 민국이가 물었다.

"그럼 대답하기 전에 할아버지가 물어볼 것이 있지. 민국이는 밥을 제때에 먹는 것과 며칠 굶었다가 한꺼번에 많은 양을 먹는 것 중 어느 것이 더 건강에 좋지?"

"당연히 제때 먹는 것이 좋지요."

"비슷한 예로 공부하는 것에 대해 말해보면 이것도 마찬가지야. 공부를 적게 그러나 꾸준히 하는 것과 한꺼번에 갑자기 많이 하는 것과의 차이인 것이다. 책을 보는 경우 보통 학생은 첫날 책을 열심히 많이 보지만 그 다음 날은 보지 않고 며칠 후 지나서야 다시 보다가 결국 보기를 포기하지. 그것은 다시 며칠이 지난 후 보게 되면 지난번 읽은 것의 일부를 잊어버려 다시 보느라 계속 제자리걸음을 하거나 약간만 앞으로 나가게 된다. 그러나 우등생은 오늘 책을 보고 내일도 책을 보고 꾸준히 보기 때문에 전날 본 내용이 다음 날 읽은 내용에 대해 보탬을 주어 더욱더 아이디어와 생각이 기하급수적으로 증가해 더 큰 지식이 쌓여지게 된다. 이것을 시간의 복리 효과라고 한다."

"에이 할아버지는 매일 공부 이야기야." 민국이 입이 삐쭉 나왔다.

"하하. 그럼 모든 사람이 좋아하는 돈 이야기를 해볼까? 지금은 정확히 모르겠지만 할아버지가 젊은 시절에는(금리가 높은 시절에는) 1년 만기 1백만 원짜리 정기적금을 들려면 한 달에 약 7만5천 원씩을 납부해야 했다. 그런데 이 적금을 든 사람과 안 든 사람의 차이가 무엇인가 하면 이 두 사람에게 동시에 5만 원이 주어지면 적금을 든 사람은 어떻게 하든 2만5천 원을 구해 한 달 치를 납부하려고 하고 적금을 들지 않은 사람은 그냥 흐지부지 낭비해 버리고 만다. 이러한 것이 계속 누적이 되면 나중에는 크 나큰 차이로 되는 것이다."

"처음에 시작하는 것 그리고 그것을 계속하는 것이 매우 중요 하네요." 민국이가 알았다는 듯이 대답했다.

"그렇지. 또 다른 예를 들자면 기인열전이라는 프로에 쇠장화 를 신고 뛰어다니는 사람이 있었는데 그는 몇 년 전에는 다리가 약해 제대로 걷지도 못한 사람이었다. 또한 연간 수십억의 약정 고를 올리는 보험왕이 자기는 처음 시작할 때는 성격이 내성적이 라 사람에게 말도 잘 못 붙였다 한다. 세계 경제를 지배하는 유 태인이 옛날에는 세계를 떠돌아다니는 유민이었다. 이 모든 것을 볼 때 약점이란 더 이상 약점이 아닌 것이다. 어려워 보이는 것 도 정작 시행을 해보면 쉬운 면을 발견할 수 있는 것이다. 첫 시 행을 할 수 있느냐 없느냐가 나중에는 크나큰 차이를 만든다.

내가 아는 어떤 뚱뚱한 사람이 있었는데 오랫동안 안 만나다 가 몇 달 뒤에 만났는데 상당히 날씬해졌다. 그래서 비법이 무엇 인가 하고 물으니 대답은 의외로 간단했다. 그것은 일주일만 식 사량을 절반으로 줄여 먹어보라는 것이었다. 처음에는 힘들지만 일주일 후에는 위가 습관에 적응되어 줄어들기 때문에 그 후에는 적게 먹어도 크게 배고픈 줄 모른다는 것이다. 이렇게 식사량을 조절하고 가벼운 운동을 하면 반드시 몸무게가 준다는 것이다. 인생에 목표를 정해 어떤 것을 시작하려 할 때 일단 7일만 견디 어 보자(熱心七日). 그러면 그 후는 훨씬 수월하게 할 수 있고 따라서 원하는 바를 얻을 수 있을 것이다. 7일간의 차이 이것이 자신을 성공으로 또는 실패로 이끄는 것이다.

누군가(상당한 구두쇠)가 본인이 어떤 물건을 사고자 할 때 일단 일주일만 참았다가 산다고 한다. 그러면 의외로 쓸데없는 물건 사는 것을 방지할 수 있다고 한다."

"아하, 그래서 할아버지는 뭐 사달라고 조르면 다음날, 다음날 하시는구나." 민국이가 다시 입을 삐죽거리며 말했다.

"이러한 것이 바로 시간적 복리이고 반면에 공간적(수량적) 복리라는 것이 있지. 영업에 대해 이야기해보면 영업은 시작보다 사후관리가 더 중요하다. 영업왕이니 보험왕이니 하는 사람들의 실적은 기존 고객으로부터의 소개로 영업이 이루어지는 경우가 약 80%나 된다고 한다. 영업의 거래 완성은 한 고객에 대한 영업의 완성인 동시에 다음 고객에 대한 시작인 것이다. 이는 다음을 위한 중간단계라는 것이다. 이것이 바로 복리개념으로써의 영업인 것이다. 이렇게 증폭된 영업은 복리이자(利子) 늘듯이 늘어난다는 것이다.

따라서 영업에서 가장 중요한 것은 (공간적 복리를 유발시킬 수 있는)지속적인 인간관계인 것이다. 다시 말해 좋은 씨앗을 (미리)뿌려 정성들여 가꿈으로써 보다 더 많은 씨앗을 수확할 수 있게 하는 것이다. 그래서 유능한 영업사원은 그들의 상담시간의 많은 부분을 상품과 전혀 관계없는 이야기 위주로 고객의 관심분야에 대해 이야기함으로써 지속적인 관계를 유지시킨다(고객은 영업사원이 팔 의욕을 보이지 않을 때 더욱더 구매의욕을 느낀다고 한다). 진정한 영업사원은 상품을 파는 것이 아니라 자신을 파는 것이다. 상품을 팔 경우는 한 번에 끝나지만 인간관계가 형성되면 연속적인 판매가 이루어질 수 있다. 영업사원에 있어서 입소문에 의한 판매 확장이 바로 공간적 복리인 것이다."

"복리의 힘이 정말 크네요." 민국이가 말했다.

"보통 사람들이 살아가면서 느끼는 것 중 하나는 불행이 특히 나에게만 오는 것 같다는 것이다. 나만 유독 인생을 살아가기가 힘이 드는 것 같고 내가 하지 못하는 것들은(남보다 겁이 많다든지, 힘이 약하다든지) 나에게 유독 심한 것처럼 느끼지. 민국이는 어때?"

"네, 맞아요. 제가 그렇게 잘 느껴요."

"그래? 그러나 이러한 모든 것은 과정이며 또한 과정이라는 것은 결코 건너뛸 수 없는 것이다(이것은 마치 시간이라는 것을 건너뛸 수 없는 것과 마찬가지인 것이다). 파우스트(괴테)라는 책에 보면 '오늘 못하게 되면 내일도 할 수 없다'라는 말이 나오지. 내가 겁쟁이인 것은 다른 사람도 겁쟁이였는데 극복하여 용감하게 되었고, 내가 힘든 시절에 처해 있다는 것은 다른 사람도 다 그 시절을 거쳐 간 것이고 이러한 것들은 결코 건너뛸 수 없는 과정인 것이다. 예를 들자면 옛날 고승들이 그 스승의 비유나 한 번의 설법에 도(道)를 통하였다는데 나는 그러한 설법을 아무리 여러 번 들어도 득도가 안 되는 것은 '그만큼의' 과정을 거치지 못했다는 것이다. 따라서 좀 더 숨겨진 현실을 보려면 시간과 노력이 필요한 것이다. 민국이는 공부가 잘 안 될 때 짜증나고 마음이 답답하지?"

"네, 정말 그래요."

"그럼 어디 그 마음을 보여줘. 할아버지가 해결해 줄 터이니."

"에이 할아버지도…… 마음을 찾을 수 없는데 어떻게 보여줘요?"

"그럼 무엇이 답답하단 말이야?"

"어 그런가요? …… 그래도 답답한데요."

"하하. 사실 이 이야기는 중국 고승전의 달마대사에 대한 이야기로 달마대사의 제자는 스승의 이야기에 가슴이 열리며 득도를 하였다는데 이 이야기를 아무리 들어도 우리 민국이는 왜 득도를 못할까?"

36

"정말 왜 그럴까요?" 민국이가 물었다.

"그것은 그 수준에 이르지 못하면 아무리 금과옥조도 다 의미 없는 말이 되기 때문이다. 칼을 잘 못 쓰는 사람에게 어떤 훌륭한 보검도 소용이 없는 것이다."

"쉬운 예를 들어 주세요."

"요즘 공원에는 건강을 위해 운동기구가 설치되어 있는 곳이 여러 군데 있다. 그 운동기구의 시설물 중에 발의 지압을 위해 일정 구간에 자갈이 깔려 있는 곳이 있지. 발바닥 자극이 건강과 내장에 상당히 유익하다고 한다. 그런 자갈보도를 처음 걸을 때에는 무척 아프다. 발이 단련되어 있지 않으니 당연할 것이다. 그런데 사람이 발바닥이 아프지 않으려면 두 가지 방법이 있다. 그 한 가지는 자갈보도를 걷지 않는 것이고, 다른 하나는 열심히 걸어서 발을 단련시켜 아픔을 느끼지 못하게 하는 것이다. 이중 후자는 발을 열심히 단련한 후 다음에는 더욱더 험한 곳을 걸어 다녀 발을 강화시킬 수 있다. 그러면 발을 단련시키지 않은 사람하고는 처음에는 약간의 차이만 나다가 나중에는 엄청나게 차이가 나게 된다. 일을 시행한다는 것과 시행하지 않는다는 것은 이렇게 처음에는 미미하나 나중에는 크나큰 차이를 가져다주게 된다."

"잘 알았습니다."

"선행을 먼저 하는 이유는 시간의 복리 힘이 작용하기 때문이다. 선행을 먼저 하고 보상은 되도록 늦게 받는 것이 좋다. 아예 받을 생각을 하지 않으면 그에 대한 복덕은 (복리에 의해)무궁한 것이 된다. 그러므로 자신이 죄를 지었을 때는 빨리 대가를 치르고 반성하는 것이 좋다. 자신이 거짓말을 했을 시 즉시 사과하는 것과 1달 뒤에 하는 것, 1년 뒤에 하는 것 중 어느 것이 옳은 행동인가는 자명한 일이다. 성경에서 '왼손이 하는 일을 오른손이 모르게 하라'거나 불경에서 '집착함이 없이 보시(선행)하라(無住相報施 금강경)'도 다 이런 의미인 것이다.

선행에 대한 보상 그리고

악행의 죄에 대한 이자는 복리로 불어나는 법이다.

이것이 하늘의 법도이다. 그런데 이러한 것들에 대한 최초의 시행을 위해서는 용기가 필요하지. 민국이는 용기가 많은가?"

"저는 무언가를 시작하려면 겁이 먼저 나요, 할아버지." 대한이가 약간 게슴츠레한 눈초리로 할아버지를 바라보며 말했다.

"사실 세상을 살아가는 데 있어서 개인에게 가장 중요한 것은 용기인 것이다. 용기야말로 인생을 성공으로 이끄는 열쇠인 것이다. 석가(부처)는 왕자로서의 모든 부귀영화를 버리고 오직 진리만을 깨우치기 위해 아무것도 소유하지 않고 맨몸으로 가출했을 당시에는 많은 두려움도 있었을 것이다. 자기가 실패를 하였을 경우에는 왕자의 신분에서 걸인의 신분으로 전락하게 되는 것이다. 그러나 결국 가출을 결정하는 그 용기야말로 정각을 이룰 수 있게 하였던 것이다. 예수의 고행도 마찬가지이며 또한 공자는 그 혼돈스러운 춘추전국시대에 용기를 내어 주유천하를 하였고 나중에는 수많은 제자들을 길러낸 것이다. 악법도 법이라며 죽음을 불사한 용기를 보여준 소크라테스……. 수많은 예를 제시할 수 있는 것이 바로 용기에 대한 것이다. 단 한 개의 선박조차 제조한 경험이 없으면서 외국에 건너가 수주를 받아 결국에는 조선대국을 이룬 현대 정주영 회장은 용기의 극치를 보여준 것이다.

젊은이여 용기를 가져라. 그것이 너의 인생의 시발점이 되는 것이다. 세상은 조용한 다수보다 주장하는 (용기 있는) 소수에 의해 역사가 이루어지는 것이다. 수업시간에 자기가 모르는 것에 대하여 용기 있게 질문하는 학생이 결국 우등생이 되는 것이다. 그래서 '어렵게 보이는 것도 실제 행하면 쉽게 할 수 있고, 쉬운 것도 행하지 않으면 어렵게 보인다.'라는 것이다."

"네, 잘 알았습니다."

"위인에 대한 이야기를 해보자. 하늘이란 누구에게나 평등하게 시련을 준다. 옛날 말에 내가 남보다 불우해 있거나 시련을 더 받는 것은 하늘이 나를 아껴 큰일에 쓰려는 것이요 위인들에게는 많은 시련을 주어 더욱더 성장 발전하게 하려 한다고 했다. 하지만 그것은 틀린 말이다."

"아니 그건 맞는 말 아니에요?"

"사실 하늘은 누구에게나 평등하게 시련을 주지만 인간들의 받아들이는 태도에 따라 범인과 위인이 나뉘는 것이다. 범인은 이런 시련을 우회하여 돌아가지만 위인은 이 시련을 통해 한걸음 더 전진하는 것이다. 더욱이 유익한 시련은 스스로 받아들여 행하는 것이다. 예수께서도 스스로 고행의 길을 택하셨다. 부처의 경우도 왕자 싯다르타(석가)의 6년 고행이 그를 부처로 만들기 위해 특히 하늘에서 시련을 준 것이 아니다. 그는 굳이 그렇게 고생을 하지 않아도 평생을 호의호식하며 지낼 수 있었다. 그러나 그는 시련을 스스로 받아들여 6년의 고행 끝에 정각을 이룬 것이다.

라틴어 격언 중에 이런 말이 있다.

'불확실한 것은 운명의 영역,

　확실한 것은 인간의 재주가 관할하는 영역'

이것을 나는 아래와 같이 바꾸었다.

'길게 보면 모든 것이 다 인간의 재주와 노력의 결과'

그래서 사람에게 있어서 시련에 대한 시도가 중요하며 그런 시도에 대해 실패했을 시 그것을 거울삼아 '준비'하고 다시 한 걸음씩 앞으로 나갈 수 있는 노력이 중요하지. 이것이 다 사람이 부지런해야 가능한 것이다. 부지런함이야말로 사람이 살아가는 가장 중요한 덕목인 것이다."

"네, 결국 열심히 공부하란 이야기군요." 민국이가 삐죽하며 대답했다.

"하하. 민국이가 의외로 머리가 좋은데 바로 이해하고…….
아무튼 부지런함은 사람이 살아가는 데 있어서 가장 중요한 것이라 할 수 있지. 여기서 복리는 두 가지가 있다는 것을 알 수가 있는데 시간적 복리와 공간적 복리가 그것이지.

부지런함이 시간적 복리의 대표라면 한 개의 (촛)불로 여러 (촛)불을 만드는 **세기변수**가 공간적 복리의 대표적인 것이지."

"좀 복잡하네요. 더 쉽게 이야기해 주세요." 민국이가 고개를 갸웃거리며 말했다.

"실패의 경우도 마찬가지이다. 누구나 인생을 무의미하게 망쳐버리는 것을 두려워한다. 그러나 매 순간 조금씩 인생이 망쳐가는 것에 대해서는 조금도 두려워하지 않는다. 이것이 바로 복리의 무서움인 것이다. 이것은 개구리를 뜨거운 물에 넣었을 경우와 유사하다. 만약에 개구리를 처음부터 아주 뜨거운 물에 넣으면 개구리는 있는 힘껏 뛰어서 그곳을 빠져 나와 도망간다(죽지 않으려고). 그러나 미지근한 물에 넣은 후 조금씩 물의 온도를 높이면 개구리는 서서히 죽어가게 된다.

예술에 있어서 명작이란 반복해서 보거나 듣거나 읽어도 계속 새로운 느낌이 나는 것이고 명산이란 여러 번 올라가도 처음처럼 새롭게 느껴지는 산을 말한다. 그것은 오를 때마다 먼저 번 오를 때와 또 다른 차이를 느낀다는 것을 말한다. 즉 새롭다는 것은 계속 어떤 차(差)를 느끼게 하는 것이고 이것이 바로 사람으로 하여금 감흥을 일으키게 하는 원동력(氣)인 것이다.

사람의 경우도 마찬가지이다. 진정한 위인은 매번 그 사람을 볼 때마다 달라져 있어야 하는 것이다. 중국 삼국시대(위 촉 오)

에 오나라 장수 한 명이 한 장수를 며칠 만에 보았는데 대화를 하다 보니 학식과 경륜이 놀랍도록 발전되어서 그 이유를 물었더니 그 장수가 하는 말이 군자는 삼일을 안보면 얼굴빛이 달라진다고 했다. 이것이 바로 복리의 인생이다.

로마는 전(前)황제가 나쁜 황제일 경우 단죄를 하여도 그 전 황제의 좋은 정책은 다음 황제에 의해 계속 유지 발전시켰다. 이것이 바로 복리에 의한 발전인 것이다. 그러나 3세기의 로마는 이런 정책이 상실되었고 따라서 정책이 단리(單利)로 끝나 버린 것이 로마 패망의 원인 중의 하나가 되었다. 복리의 위대성은 결국 시간의 효율적 활용과 세기변수를 이용한 확장이라고 말할 수 있다.

모든 행위[有爲]는 시차에 기인하고 세상을 살면서 노자나 장자와 같은 무위(無爲-시차가 없는)자연을 할 수 없을 바에는 가장 지혜로운 삶은 바로 시간을 정복하는 것이다. 이것이 복리의 삶인 것이다. 또한 사람들이란 처음부터 잘하지 않는 이는 없지만 끝까지 잘한 이는 적었다. 이것이 승자와 패자의 복리에 대한 차이다.

다른 사람과 비교해 뛰어난 사람보다 과거의 자신과 비교해 뛰어난 사람이 정말 뛰어난 사람이지. "

"그럼 복리의 인생을 살기 위해 필요한 게 무엇인가요?"

"복리의 인생을 살기 위해서는 자신의 행위를 비춰 볼 수 있는 거울이 필요한 법이지. 사람이란 자기 자신의 행위를 절대로 스스로 볼 수가 없기 때문이다. 그래서 운동선수에게는 코치가 필요하고 임금은 현명한 재상이 필요하고 공부나 수행하는 사람에게는 선지식(善知識-mentor)이 필요한 것이다. 시합에 나가는 참가자 중 가장 거울을 많이 보는 시합 참가자는 미인대회 참가자가 아니라 권투 시합자라고 한다. 물론 자기의 기술에 대한 교정을 위해 보기도 하겠지만 보다 더 중요한 것은 거울을 보면서 자기다짐과 자기최면을 하기 위해서이다. 인생이란 권투와 같은 무한 경쟁의 정글인 것이다. 항상 마음의 거울을 보아 스스로의 인생에 반성할 시간을 많이 가져야 하는 것이다.

그래서 세상은 연속적으로 진행되다가 그 연속이 쌓이면 어느 순간 불연속적으로 도약한다. 즉 세상이란 **연속(부지런함)과 불연속(용기)의 반복 과정**인 것이다. 외국에 나가 처음 몇 달 동안은 영어를 제대로 알아듣지 못해 고생을 한다. 그렇게 고생하며 배우다 어느 순간엔가 소리가 들리기 시작하는데 이것이 도약의 시점(불연속)인 것이다. 하루에 30분씩 꾸준히 쉬지 않고 무언가를 10년 동안 하게 되면 연속과 도약을 반복하다가 그 방면의 전문가가 되는 것이다.

지혜란 특별히 시간을 내어 생각함으로써 얻어지는 것이 아니라 끊임없는 사고에 의해서 생겨나는 것이다. 모든 것은 부지런해야 한다. 따라서 깨우침이 먼저냐 수련이 먼저냐(돈오점수 頓悟漸修) 하는 공방보다는 재오삼수(再悟三修 깨우침과 수련을 번갈아가며 수없이 반복하는 것)가 더 현실적인 것 같다."

"네, 잘 알았습니다. 복리가 중요한 것을 알았는데 그럼 인생이 단리로 끝나는 경우에는 어떤 것이 있나요?"

"그것은 좀 복잡한데 천천히 이야기할 테니 잘 들어요. 사람이 시간을 복리로 활용하는데 가끔 시련이 올 수 있지. 이때 좌절하고 더 진행을 하지 않으면 그야말로 단리로 끝나는 것이다. 권투선수가 KO를 당하는 이유가 상대방으로부터 큰 것 한방을 맞은 후 눈을 감아 버리기 때문이다. 그래서 적의 계속 이어지는 공격에 대응을 못하는 것이다.

옛날 중국의 진나라가 망한 후 초나라와 한나라가 싸울 때 초나라의 항우가 처음엔 승기를 잡았다. 그런데 유방은 여러 번 지면서도 계속 다시 도전하였다. 그러다 항우는 마지막 격전지인 해하싸움에서 진후에 강가까지 도망갔을 때 한 뱃사공이 배를 몰고 와서 강을 건너가면 그곳에는 따르는 무리가 많이 있으니 그곳에서 후일을 도모하자고 하였으나 항우는 그곳의 많은 청년들을 죽게 하였다며 말을 듣지 않고 스스로 포기하는 마음으로 싸우다 결국 죽고 말았다. 이것은 결과적으로 많은 청년들의 죽음을 헛되게 한 것이다(소비하였다). 항우는 마지막 한 펀치에 그만 눈을 감아 버림으로써 패배자가 된 것이다. 유방이 천하를 통일할 수 있었던 것은 농민의 천한 출신이기 때문이다. 그래서 여러 번의 결정타에도 당연한 것으로 여기고 정신 차려 일상의 패배에 대하여 스스로 재기를 다짐하며 눈을 뜨고 주시하였다. 그러나 항우는 한두 차례의 패배에 대해(아마 좋은 가문 출신인 본인의 자존심에 대해) 그 자신을 용서하지 못했던 것이다.

흔히 입지전적으로 성공한 사람들 이야기가 신문지상에 실리곤 하는데 낮은 계급의 사람들은 '더 이상 잃을 게 없는(nothing to lose)' 사람들이다. 그래서 죽기 살기로 한다. 유방의 경우 자기가 대업을 이루지 못하면 과거의 농부로 돌아가면 되는 것이다. 따라서 한번 죽을힘을 다해 결판낼 만하다. 그러나 항우의 경우는 좋은 가문 출신인 자기가 농민 출신인 유방에게 졌다는 사실에 대해 스스로 인정을 하지 못하는 것이다. 그래서 그만 눈을 감아 버린 것이다.

와신상담(臥薪嘗膽)이란 고사로 유명한 중국 춘추전국시대의 오월전쟁은 오나라 왕 부차와 월나라 왕 구천의 싸움이었으며 서로 한 번씩 지고 이겼다. 여기서 월왕 구천이 먼저 싸움에 패하였으나 그는 오왕 부차의 밑에서 굴욕적인 삶을 감내하면서 나라를 부강하게 만들어 다시 오나라와의 전쟁에서 승리를 하여 결국은 춘추오패의 한 사람이 되었다. 그러나 오왕 부차는 나중 싸움에서 패하자 자살했지(물론 구천이 강요를 했지만). 단리로 끝나는 자살하는 사람이란 바로 인생을 살아가는 데 있어 큰 편치에 그만 눈을 감아 버린 사람이다."

"잘 알았습니다."

"내가 외부적으로 고통스러우면 고통스러울수록 나의 내부에서는 자아(自我)가 그만큼 더 성숙되는 것이다(百忍成金). 이것은 마치 수세미로 식기를 닦을 때 수세미가 더러워질수록 상대적으로 식기는 깨끗해지는 것과 마찬가지이다. 풀무질을 계속하면 쇠는 더 단련되는 법이다. 이것이 다 복리의 위대함을 이야기한 것이다.

따라서 사람이란 자기 인생을 계속 복리로 개척하다 시련이 오면 눈을 감지 말고 직시하여 당당히 넘어서야 계속 복리로써의 인생의 좋은 결과를 얻을 수 있다. 어린 아기가 병에 걸려 앓아 누웠다가 나은 후에는 한 가지씩 재주가 는다고 한다. 나는 이것을 일병일득(一病一得)이라고 표현하고 싶다. 자기인생에 있어서 고통이나 좌절을 당했을 때 반드시 그 고통이나 좌절을 통해 한 가지를 배워야 한다. 만약 배우지 못하면 그 고통은 의미가 없어진다. 다른 말로 표현하면 투자가 안 되고 소비가 되어버렸다는 것이다.

인생에서의 시도는 투자가 되어야 한다. 비록 중간에 실패를 해도 결국 이득을 얻으면 과거의 노력과 금전은 투자가 되는 것이고 그대로 주저앉아 버리면 소비가 되는 것이다. 인생에 대한 끝없는 도전 그리고 눈을 감지 않고 맞서서 새로운 지혜를 획득해 나가는 것이야말로 복리로써의 인생의 삶인 것이다. 그래서 실패한 것이 진정한 투자가 되기 위해서는 실패할 때마다 자기의 약점을 파악하고 이를 고쳐나가야 한다. 이것이 진정한 복리의 인생인 것이다. 따라서

실패하지 않은 사람이란 자기의 약점을 모르는 사람인 것이다. 실패는 성공의 어머니라고 한다. 그러나 실제로 실패를 당한 사람의 입장에서는 미래가 불안한 것이다. 이에 포기하는 경우는 다음부터 실패는 안 하겠지만 자기의 약점은 영원히 가지고 있게 된다. 그러나 재도전하는 사람은 계속 자기가 가지고 있는 약점만큼 실패를 거듭할 수 있지만 이를 모두 극복하게 되면 결국 성공의 열매를 얻게 되는 것이다.

인생은 스스로 반성할 줄 알고 똑같은 실수를 반복하지 않으면 성공할 수가 있지. 우선 목표를 한 가지만 집중해 설정하고 그 분야에 상위 5%가 되게 노력하되, 실패할 때마다 자기 약점을 확인해 해결해 나가고 따라서 만약에 자기의 약점이 10개라고 한다면 10을 다 극복하면 성공할 수 있다. 그러나 보통 보면 8이나 9에서 포기하는 사람이 많지. 그래서 이런 우화가 있다.

어떤 사람이 죽어서 천당 문 앞에 다다르자 천사가 마중을 나왔다. 그런데 천당의 문 앞에는 많은 선물이 쌓여 있었다. 이것이 무엇이냐고 천사에게 묻자 천사는 이것은 열심히 기도를 드리는 사람을 위해 선물을 준비했다가 마지막에 기도를 포기한 사람들에게 배달되지 못한 선물이라고 했다. 그래서 끝까지가 중요한데 우리나라 운동선수들 중 야구, 골프, 축구선수로 성공한 사례들을 보면 한 분야에 집중 노력함을 알 수 있다.

그리고 7을 극복하고 자기 자원이 고갈되어 나머지 3을 재시도할 여지가 없는 경우가 발생된다. 그래서 모든 일의 시도 초기에는 효율적으로 소량만 시도를 하여 자기의 약점을 빨리 파악해야 한다. 주식을 예를 들면 자기가 잘 모르는 초기에는 많은 양의 돈을 투자하지 말고 소량의 금액을 투자해 기법을 익혀나가는 것이다."

"일단 시도가 중요한 것 같은데 왜 시도를 하지 못하는 것일까요, 또 시도하고도 실패하는 이유는 무엇이죠?"

"시도조차 하지 못하여 실패하는 사람은 실패의 두려움 때문에 도전을 못하는 것이고, 시도를 하였으나 실패하는 사람은 욕심 때문에 실패를 한다.

결국 **두려움과 욕심이 실패의 원인**인데, 사람에게 있어서 두려움과 불안이란 미래에 대한 불확실성 때문인데 불행을 정작 당한 후보다 그 불행을 기다리는 과정에서 더욱 두려움을 느끼게 되며 그래서 사람들은 대개 순간적인 모면(두려움으로부터의 탈피)을 위하여 극단적인 한 행위를 할 수 있지. 주식에 있어서도 주식장이 급락했을 때 투매를 하는 이유가 불안한 내일에 대한 공포감에서 벗어나기 위해 즉 순간의 두려움을 모면하기 위해 투매를 하게 된다. 일단 투매를 하면 내일에 대한 공포가 사라지기 때문이다.

이러한 두려움을 극복하는 방법은 예를 들면 수영은 어릴 때 배워야 쉽게 익힐 수 있다고 하는데 그것은 사람이 자라서 물에 대한 두려움을 갖기 전에 배워야 한다는 것이지. 즉 나이 먹은 후의 어떤 행위에 대한 두려움은 뇌가 과거의 실패한 기억을 불러내기 때문이지. 그래서 우선 자신의 수준에 맞는 쉬운 것부터 조금씩 극복하여 자신의 뇌에 실패보단 승리한 기억을 더 많이 갖게 함으로써 점차적으로 두려움을 극복하는 거지.

그리고 다른 하나는 욕심인데

욕심이 지혜를 가리게 하지. 이것은 지혜나 진리를 잘 알아도 욕심이 있으면 실행으로 옮기지 못하게 되지. 즉

안다는 것과 행한다는 것이 다른 이유는 욕심 때문이야. 욕심 때문에 자기의 지혜를 잃게 되는 것이지.

욕심이란 자기 마음을 빼앗기는 것을 말한다.

자기 마음을 자기가 좋아하는 것에 빼앗겨 그 마음에 자신이

없고 다른 자기가 좋아하는 것이 들어와 앉은 것이다. 이래서 편견과 선입견이 생기게 되고 (자기가 좋아하는 것에 대한)욕심이 발생하는 것이다. 물건을 빼앗기면 그것만 잃게 되지만 그로 인해 마음까지 빼앗기면 자신의 전부를 잃게 될 수가 있다. 그래서 정말로 놓아주고 싶다면 포기해야 한다. 놓아준다면서 마음 한구석에 미련이 남아 있다면 (마음이 빼앗긴 상태라) 진정한 포기가 아닌 것이다. 가진 자만이 버릴 수 있고 버리지 않는 한 가진 것은 무의미하다. 신발이 발에 맞으면 신발의 존재를 잊어버린다.

 인생이 무엇이냐는 물음은 인생이 몸에 맞지 않을 때 내는 소리다. 모든 존재를 잊어버릴 때 비로소 자기 자신을 찾게 된다. 그래서 **마음을 빼앗기지 말고** 욕심을 없애는 것이야말로 결국엔 가장 올바른 인생을 산다는 것을 잘 알아야 할 것이다. '몰래 훔친 음식은 결코 허기를 달래지 못한다(인디언)'고 한다. 그것은 부정한 방법으로 축재(蓄財)한 사람은 자신의 욕망이 채워지지 않기 때문에 계속 배고픔을 느끼게 되며 따라서 부정행위를 계속하게 되는 것이다."

 "잘 알았습니다. 성공을 위한 다른 이야기는 없나요?"

 "사실은 중요한 것이 하나 더 남아 있지. 사람이란 성공이 중요한 것이 아니라 성공을 계속 유지하는 것이 정말 중요한 것이지. 사람이 약간의 성공을 하게 되면 자만심이 생기게 되는데 **자만심이야말로 성공의 가장 큰 장애가 되지.** 자만심이란 사람이 약간의 성공을 하게 되면 **자기합리화**가 강해지게 되어 타인의 충고를 받아들이려 하지 않게 되고 자기위주의 편향적인 사고를 갖게 되지. 그래서 고생은 같이해도 부귀는 같이하기 힘들다는 이야기도 다 자만심에 기인된 것이지. 약간의 지식이 무식한 것보다 사람에게는 더 큰 독(毒)이 되지. 그래서 자연의 기본조언에서 이야기한 것을 다시 설명하면 '사람을 떨어뜨리고 싶을 때는 그 사람을 높이 올려라.' 즉 사람을 (억지로) 떨어뜨리려면 그 사람이 저항을 하게 되나 그 사람을 높이 올리면 스스로 자만심이 생기게 되며 그래서 자연스럽게 떨어지게 된다는 것이다.

삼국지에서 전략가로 유명한 조조의 예를 들어보면 조조가 가장 성공한 싸움은 원소와 싸운 관도전투였고 가장 실패한 싸움은 유비와 손권의 연합군과 싸운 적벽대전이다. 관도전투의 경우는 시대적으로 초기에 해당하고 이 싸움에서 천하대권의 향배가 결정되는 중요한 전투였다. 이 당시에 조조는 비록 자기 자식을 죽인 적장이라도 투항해오면 맨발로 나가 맞이할 정도로 인재를 아꼈다. 결국은 관도전투에서 대승을 거두고 승상의 자리에까지 오른 후 나머지 유비와 손권을 없애기 위해 적벽대전을 일으켰으나 스스로 이간책에 넘어가 해군에 능한 부하장수 둘이나 죽였으며 퇴각 중에도 퇴각로인 화용도에서 거만한 웃음을 짓다가 유비편의 장수인 관우에게 목숨을 구걸하는 수모를 당하게 되었는데 이것은 다 **자만심** 때문이다.

이러한 자만심을 없애기 위해서는 열심히 꾸준히 자기반성을 하는 방법이 제일이지. 즉 자신의 내부에 주관보다는 객관적인 자아를 형성해야 하는 거야. 불가(佛家)에서 수행 방법의 하나로 묵언(默言 말을 하지 않는 것)수행이 있는데, 이것이 어려운 이유는 자만심이 큰 사람은 남에게 말을 많이 하고 싶어 하지."

"그런데 할아버지, 저는 열심히 하고 싶은데 자꾸 딴생각이 나요. 어떡하면 잡생각을 없애죠?" 민국이가 물었다.

"한 곳에 집중할 수 있는 힘을 길러야 되는 거지. 어떤 행위 (스포츠…… 등)에 초보자는 뇌의 많은 부분을 사용하게 되며, 따라서 실제 행위를 할 시에는 뇌로부터의 명령이 많아 몸이 제대로 작동되지 않는다. 그래서 정신적 소모가 육체적 피로를 가져오지. 그런데 숙달된 고수들은 뇌의 한정된 일부만 사용하여 몸에 단순 명료하게 명령이 내려지며 더불어 신체 숙달된 동작으로 행위를 이루기 때문에 고수가 되는 것이다.

즉 집중[정신일도 精神一到]하라는 뜻으로, 이는 일본무사 미야모토 무사시의 말을 인용하면 '사람을 공격하는 방법이 너무 많으면 오히려 혼란스럽다. 결국 사람을 공격하는 일은 모두 같다.'를 생각나게 한다. 인도의 우파니샤드(경전)에도 '진리는 결국 하나인데 이를 단지 여러 가지로 표현할 따름이다.'라고 했다.

또한 옛날 중국에 이런 이야기가 있지. 그 당시 말(馬)을 잘 타는 사람이 있었는데 그 윗사람이 이 사람한테서 말 타는 기술을 배운 후 서로 시합을 하였는데 계속 윗사람이 지게 되었지. 그래서 그 이유를 물어보니 대답인즉슨, 말을 다루는 기술은 다 배웠는데 실제 경주를 하다보면 자신(윗사람)의 말이 빠르면 뒤의 말이 쫓아올까봐 조바심 내며 불안해하고, 자신의 말이 늦으면 상대방 말을 따라잡으려고 무리한 힘을 가하기 때문입니다 라고 했다. 즉 잡생각이 많아 단순한 행동을 하지 못한 것이지.

꾸준히 문을 두드려야 문이 열리게 되는 것이다. 따라서 **아무리 위대한 진리도 실행을 통한 노력 없이는 아무런 의미가 없는 것이다.** 그래서 진리를 후세에 전할 수는 있으나 깨우침은 전달할 수 없고 스스로 체득해야 한다."

"결국 지식보다는 행함이 중요하다는 이야기이군요."

1-4. 세기의 힘 - 인간의 행복

"할아버지, 오늘 복권 사요." 민국이가 말했다.

"왜 어제 좋은 꿈꾸었어?"

"네."

"그래? 그런데 민국이는 만약 1등 당첨되면 뭐 할 건데?"

"불쌍한 사람 도와주고, 맛있는 것 사먹고… 또……."

"하하, 민국이는 맛있는 것 먹으면 행복한가 보구나. 얼굴이 벌써 환하게 피어 있으니."

"그럼요, 당연하죠!"

"그럼 민국이는 지금은 행복하지 않은 거야?"

"그렇지는 않지만 그래도 가진 것이 많으면 더 행복을 느끼게 되는 거 아니에요?"

"글쎄? 옛말에 '천석꾼은 천 가지 걱정이 있고 만석꾼은 만 가지 걱정이 있다'는 말이 있지. 즉 많이 가졌다고 반드시 행복한 것은 아니지."

"그럼 무엇이 행복한 것이라 말할 수 있어요?"

"사실 행복이란 빼앗거나 빼앗기는 것이 아니야. 행복이란 물건이 아니다. 너의 불행이 나의 행복이라면 그것은 이미 행복이 아니다."

"그럼 행복의 진정한 의미가 무엇이에요?"

"그것을 이야기하기 전에 먼저 할아버지가 질문 하나 하지. 민국아, 너는 사랑의 반대가 무엇인지 아니?"

"그야 미움이겠지요."

"하하, 틀렸어. 사랑의 반대는 미움이 아니라 무관심이야."

"네?" 민국이가 이해가 안 되는 듯 고개를 갸웃거렸다. 그때 옆에 있는 대한이가 "아, 정말 그런 것 같네요. 너는 아직 어려 잘 이해가 안 되지." 하며 대한이가 고개를 끄덕거렸다.

"그래. 그와 마찬가지로 행복의 반대는 불행이 아니라 불만족인 것이다. 행복이란 만족에 대한 대비 개념인 것이다. 자기가 가진 것에 대해 만족할 줄 아는, 즉 만족승소유(滿足勝所有 만족하는 마음이 자기 소유를 이기는)여야지 소유승만족(所有勝滿足 만족하지 못하고 항상 소유하기를 바라는)이 되어서는 항상 인생을 불평불만으로 살아가게 되는 것이다.

즉 만족이 주가 되고 소유가 부(副)가 되어야 한다. 만족이 소유를 지배하고 소유가 만족을 도와주어야 한다는 것이지. 따라서 불행이란 아무리 많이 소유해도 만족하지 못하는, 즉 소유가 만족을 누르는 경우인 것이다.

항상 불만족인 사람에게는 신께서 아무리 행복을 많이 가져다 주어도 계속 불행한 것이다. 그것은 천만 원을 가지면 1억을 가진 사람과 비교를 하고, 1억을 가지면 10억을 가진 사람과 비교하여 늘 불행하다 느끼기 때문이다.

이 비교가 바로 차이 때문이다. 행복, 불행, 만족, 불만족 등은 다 상대적인 개념인 것이다. 즉 다른 사람 등과 비교하여 차이를 느낄 때 일어나는 것들이다.

따라서 모든 변화가 수반되는 행위(유위)는 차이에 기인되며 예를 들면 바람이 부는 것은 기압차 때문이고 폭포에서 물이 떨어지는 것은 낙차 때문이요 빈곤을 느끼는 것은 부자와의 상대적 빈곤차를 느끼기 때문이다. 따라서

진정한 행복이란 누군가 탐내어서 나한테서 빼앗아 갈 수 있는 것이 아니다. 행복이란 차이에 기인된 불만족을 없애고 현 시점에서의 만족을 느끼는 것이다."

"네, 알았습니다. 그러나 역시 사람인 이상 불행이 계속되면

스스로 만족을 포기하는 경우가 생기지 않을까요?" 민국이가 물었다.

"그래. 바로 여기서 사랑이 필요하게 된다. 행복은 자기 자신에 대한 만족이라면 사랑은 타인에 대한 만족이다. 즉 다시 말하면 타인에 대한 끝없는 믿음인 것이다. 서로가 잘 되고 좋은 경우에는 사랑이 큰 의미가 없다. 누구나 좋은 처지와 환경에서는 서로가 좋게 보이고 좋은 말만 오가게 된다.

그러나 한 사람이 불행에 빠지거나 어려운 일에 닥쳤을 경우는 각기 대응하는 것이 다르게 된다. 이러한 어려운 때에 진정한 힘이 되어 주는 것이 바로 **사랑**인 것이다. 마리아 테레사 수녀님의 위대한 점은 바로 곤경에 처한 사람들의 힘이 되어 주었다는 것이다.

따라서 좋은 상황에 있는 사람에게는 무관심하고 자기 주변 사람 중에 누가 어려운 상황에 있는가를 생각하고 **관심**을 가져라. 이것이 사랑이다. 그리하면 상대방은 평소의 관심에 대한 것보다 10배 20배 더 감격할 것이다.

사랑이란 어려울 때 보여주는 관심인 것이다."

"맞아요. 제가 모르는 문제가 있어 어려워할 때 형이 도와주는 것이 바로 아우를 사랑하는 마음 아니겠어요." 민국이가 대한이를 쳐다보며 이야기했다.

"나 잘 도와준다." 대한이가 얼른 대답했다.

"그래, 서로 도와야지. 그래서

필요할 때에 바로 옆에 있어 주는 사람이야말로 진정한 애인인 것이다.

성경 말씀에 '네 이웃을 사랑하라'고 한 것은

'네 이웃이 곤궁에 처했을 때 도움을 주어라'는 의미인 것이다. 너의 불우한 이웃을 도와주면 그 사람은 또 그의 이웃을 도와주고 이러한 선행이 반복되어 복리로 증가하게 된다는 것이다."

"잘 알겠습니다." 둘이서 대답했다.

"그래서 행복과 사랑은 돈하고 본질적으로 다른 성질을 가지고 있지."

"그것이 무엇인데요?" 민국이가 물었다.

"그러니까 돈이란 남에게 나눠주면 자기 자신은 그만큼 (돈이) 없어진다. 그러나 사랑이나 행복 등은 남에게 나누어 주어도 자기 자신의 것이 없어지지 않는다. 그러므로 남에게 베푸는 일에 있어서 행복과 사랑이란 얼마나 효율적인 것인가. 그것은 마치 촛불은 자기의 불꽃의 감소가 없이 많은 양초에게 불을 나누어 줄 수 있는 것과 같다.

여기서 약간의 전문용어로 불을 세기변수, 양초를 수량변수라고 한다. 즉 1+1=2는 수량변수에 적용되는 것이고 1=1+1의 산법이 적용되는 것은 세기변수를 말하는 것이다. 세기변수는 성질을 의미하며 수량변수는 개수를 말하는 것이다. 세기변수의 대표적인 것은 불, 웃음, 사랑 등이다. 불은 자기를 잃어버림이 없이 다른 것의 불을 지필 수 있고, 웃음 또한 여럿을 행복하게 만들 수 있다. 교육이나 선지식으로써 지혜를 깨우치게 하는 것도 또한 세기변수인 것이다."

"세기변수에 대한 다른 예는 없나요?"

"있지. 사실은 이 세기변수야말로 세상을 바꾸게 하는 원동력이지. 세상의 변혁기에는 항상 세기변수가 내재되어 있었다. 중세 교황의 권력을 무너뜨린 것은 구텐베르크의 인쇄술이었다. 인쇄술이 발명되며 마틴 루터의 독일어판 성경이 수없이 많이 인쇄되어 대중 속으로 침투되었고 급기야 개신교를 낳게 된다. 이후 유럽은 150년간 종교전쟁에 휘말리게 된다.

여기서 인쇄술이 바로 세기변수가 되는 것이다. 이것으로 인해 단순한 백지종이가 위대한 성서로 탈바꿈하게 되었던 것이지. 근대사회를 이루게 한 산업혁명에서의 기차의 발명, 현대사회의 디지털 네트워크 혁명들은 전부가 세기변수의 힘인 것이다. 물리학의 파스칼의 법칙은 '유체 일부에 압력을 가하면 동일한 양의 압력이 유체 각 부분에 전달된다.'이다.

현대 전자네트워크 경우로 보면 '한 단말기에 정보를 입력하면 연결된 만인의 네트워크에 세기의 손상이 없이 정보가 그대로 전파된다.'이다. 이를 총괄적으로 보면 '물리학에서의 압력이나 사회학의 네트워크 개념이나 모두 세기변수이다'라고 표현할 수 있는 것이다.

볍씨 한 알을 심으면 가을에 수십 개의 쌀을 얻을 수 있다. 이것이 세기변수의 힘인 것이다. 예수께서 천상의 나라는 아주 작은 겨자씨를 심는 것과 같다 하셨다. 이 작은 겨자씨에서 나무가 되고 다시 수많은 씨를 만드는 것이다. 또한 누룩의 비유도 마찬가지이다. 점점 크게 부풀어 오르게 하는 힘을 가졌기 때문이다. 이 모든 것들이 다 세기변수를 말한 것이다.

유태인의 '물고기를 잡는 방법'은 세기변수에 대한 것이고, '물고기' 자체는 수량변수로서 이의 교훈은 세기변수를 강조한 것이다. 남에게 돈을 빌려줄 경우에 **돈(수량)만 주지 말고 진심어린 걱정(세기)과 함께 주면** 더 빛을 발한다. 인디언의 격언 중에 '가슴으로 물어라, 그러면 가슴에서 나오는 대답을 듣게 될 것이다.'라는 것이 있다.

수량변수란 더하면 계속 클 수 있기 때문에 크기가 얼마나가 중요한 것이 되지만 또한 누구보다 얼마나 더 크냐가 중요한 변수가 된다. 즉 욕심의 경우처럼 한없이 커지게 된다. 반면에 세기변수는 더해도 같은 값이 되므로 자기 수준에 만족하게 된다."

"보다 현실적인 예는 없나요?"

"어느 도시에 일류 제빵회사 주인이 그 도시의 호텔에 빵을 납품하려고 애를 쓰고 있었지. 그는 그 호텔 지배인을 계속 찾아가 사정을 했으나 그는 들은 척도 하지 않았다. 그래서 그는 방법을 달리했다.

그 지배인에 대하여 여러 가지로 알아본 결과 그 지배인은 어느 협회에 가입되어 있다는 것을 알았다(정보). 그리하여 그 다음날 그 지배인을 만난 제빵 주인은 다른 이야기는 일체 하지 않고 그 협회에 대해서만 이야기했다. 그러자 그 지배인은 적극적으로 대화에 응했다. 그러면서 그는 입회까지 권유하였다. 이렇게 이야기하는 동안 빵에 대해서는 일체 이야기하지 않았다.

그리고 그와 헤어지고 얼마 안돼서 그 호텔로부터 전화가 왔다. 빵의 견본과 가격표를 가지고 오라는 것이었다. 얼른 준비해 가지고 호텔에 갔다. 호텔에 도착하자마자 담당직원이 이 제빵 주인에게 하는 말이 '당신이 어떤 수단을 썼는지는 모르겠으나 우리 지배인이 당신을 매우 마음에 들어 하시는군요.'(신뢰) 하였다. 여기서 제빵 주인은 호텔 지배인에게 신뢰(세기변수)를 제공했고, 호텔 지배인은 제빵 주인에게 빵(수량변수)을 주문하게 된 것이다. 이렇듯 행복, 사랑, 웃음, 기쁨, 관심, 믿음 등은 많은 사람에게 전파하는 데 있어서 가장 효율적인 것으로 금전으로 따질 수 없는 최대 자산인 것이다."

"확실히 예를 들으니 이해가 빠르네요."

"세기변수의 하나인 믿음이란 사람에게 있어서 가장 중요한 덕목 중의 하나가 된다.

사람은 믿는 대로 이루어진다. 따라서

긍정적인 믿음이야말로 성공의 열쇠이다.

인디언의 말 중에는 이런 것이 있다. '사람이 거짓을 믿는 경우 그 거짓은 그 사람에게는 진리가 된다.'

즉 본인의 기준으로 진리를 재해석하게 된다는 것이다. 이러한 것은 바로 **사람의 마음으로부터의 믿음**이 그 사람의 모든 것을 형성시키게 된다고 할 수 있지.

약속이란 믿음을 바탕으로 이루어지는 것이고 그래서 인디언들은 약속이란 타인과의 약속이 아니라 자신과의 약속 더 나아가 신(神)과의 약속이라 생각하고 꼭 지키지. 그러니 인간관계에 있어서 신뢰와 정직이 제일 중요한 것이며 그러기 위해서는 매 순간의 **솔직한 마음(直心)**이 중요한 것이다. **정직이란 그 사람의 의지를 시험**하는 것이지."

"잘 알겠습니다."

"세기변수가 중요하다고 이야기했지만 오해의 소지를 없애기 위해 말하건대 세기변수가 수량변수보다 모든 면에서 항상 중요하다는 것은 아니다.

예를 들면 인쇄술로 인해 지식의 혁명을 가져왔지만 사실 고대 인도인들의 경전(우파니샤드……), 불교경전, 인디언들의 지혜 등에 관한 것은 기록되지 않고 구전(口傳)으로 내려오는데 그 이유는 스스로 암송함으로써 진리에 대한 진정한 의미를 확실히 깨닫게 하는 것이지. 사실 인쇄술로 지식의 광범위한 보급은 이루어졌지만 진실로 행하는 사람은 더 적어졌지. 그러니 단순히 책만을 읽을 경우에는 책 속의 진정한 의미를 모를 수가 있지.

또한 촛불의 경우도 불을 전파하기 위해서는 많은 양초가 필요하게 되며 수십 개의 쌀을 얻기 위해서는 세월(약 반년)이라는 수량변수가 필요하게 된다. 이렇듯 모든 것들은 역시 평등한 가치를 지니게 되어 있는 법이지.

그래서 어떠한 조직(무형이든 유형이든)이건 완전한 형태로 나타내기 위해서는 세기변수와 수량변수의 결합 형태로 이루어지고 이를 컴퓨터로 표현하면 마치 하드웨어와 소프트웨어와 같은 것으로써 두개가 결합해야 어떤 작동이 이루어지는 것이다. 정보는 세기변수가 되고 에너지는 수량변수가 되어 **정보와 에너지(기氣)**가 세상의 모든 것의 필수 요건이 되는 거야."

"네, 잘 알았습니다."

1-5. 순서의 힘 - 효율과 질서

"그런데 할아버지, 그럼 천당은 정말 있는 걸까요?" 민국이가 종교에 관심이 있는 모양이다.

"글쎄 민국이 생각은 있을 것 같아 없을 것 같아?"

"제 생각은 착한 일을 하며 고생한 사람들을 보면 있는 것이 좋을 것 같아요." 민국이가 대답했다.

"그래? 할아버지도 비슷한 생각이지. 사실 천당이란 일종의 인과응보 개념인데 세상이 평등하다는 것을 보다 확실히 느끼기 위해 종교적 차원에서 생겨난 것이지. 즉 나쁜 짓 하고 편히 살다 간 사람은 사후에 지옥에 떨어져서 인과응보로 벌을 받게 되고, 착한 일을 한 사람은 천당에 가서 자기의 선행에 대한 보답을 받는다는 것이다. 상당히 설득력 있는 가설이다.

그러나 이러한 가설도 사람에게 실질적인 느낌으로 받아들여지지는 않는가 보다. 그러니까 착한 일을 하는 사람보다는 악한 일을 하는 사람이 더 많은 것 같다. 그런데 과연 천당이 있을까? 만약 있으면 어떨 거라고 민국이는 생각하지?"

"그야 맛있는 것 많이 먹고 즐거운 일만 생기는 것이겠죠." 하며 민국이는 입맛을 다셨다.

"그래. 그런데 매일 맛있는 음식만 먹으면 어떨까? 싫증이 나지 않을까? 즉 '맛있는 떡도 한두 번이지' 매일 먹으면 맛을 잃게 되지 않을까? 실제로 사람이 느끼는 감각은 차이에 기인된 것을 느끼게 되는 것이야. 즉 행복은 힘들었던 불행에 대한 차이, 짠맛은 싱거운 맛에 대한 대비의 차이로 이루어지는데 모두 좋은 것만 있으면 과연 좋은 것이라고 항상 느낄 수 있을까?"

"정말 그러네요."

"그래서 이것을 다른 각도로 생각해 보자. 즉 천당과 지옥이라는 것은 생전의 업보에 따라 사람을 구별짓고 그 대가에 대한 환경을 조성시켜 벌 또는 상을 받는 것이 아니라, 각각의 사후 환경은 똑같으나 착한 사람은 착한 사람끼리 악한 사람은 악한 사람끼리 모아서 각각에게 구역을 다르게 설정하여 준다는 것이지. 즉 착한 사람이 사는 동네와 나쁜 사람이 사는 동네를 서로 다른 곳에 설치해 놓는 것이지. 그러면 만약 두 지역에 똑같이 빵을 주었을 때 착한 사람이 사는 지역에는 사이좋게 나누어 먹고 악한 사람이 사는 지역에는 서로 차지하려고 싸우다가 극히 일부만 먹거나 부스러기만 먹게 된다. 즉 누가 벌을 또는 상을 따로 주는 것이 아니라 각자들에 의하여 스스로 벌을 받거나 상을 받게 되는 것이라 생각할 수 있지."

"결국은 모든 것이 자기가 하기 나름이네요." 민국이가 무언가 생각하는 표정으로 대답하였다.

"그래서 심리학자의 재미있는 실험을 이야기해 주지. 실험대상자 열 명을 골라 처음에 1만 원씩을 주고 만약 그 중 한 사람이 다른 사람에게 1만 원을 공짜로 주면 이 준 사람에게는 (실험 진행자로부터) 5천 원을 받을 수 있게 했다면 어떤 결과가 나오겠는가? 만약 민국이 경우라면 어떤 행동을 취할래?"

"만약 내가 다른 사람에게 만 원을 주어서 5천 원을 받았지만 다른 사람이 나에게 돈을 안주면 나만 손해겠네요." 민국이가 제법 머리를 굴려가며 대답했다.

"그렇지. 위의 경우 각자 개인에게 있어서 한 사람이 상대방에게 만 원을 주었으나 상대방은 만 원을 되돌려주지 않는 경우에는 한 사람은 (실험 진행자로부터) 5천 원만 받는 최악의 경우이고 다른 사람은 2만 원을 가지게 되는 최선(?)의 경우가 쌍으로 발생하게 된다. 반면에 집단적인 경우에는 각 개인의 합리적 선택으로 아무에게도 돈을 안주고 만 원을 갖고 있는 경우와 최적의 선택으로 서로 만 원을 주고 5천원을 (실험 진행자로부터) 받아 1만5천 원이 되는 것이다. 즉 착한 사람들만 있는 경우 각자 1만5천 원 소유

여러 사람이 혼재해 있을 경우(착한 사람 + 악한 사람)

착한 사람은 5천 원, 악한 사람은 2만 원

최적 상태는 모두 각자가 1만5천 원

여기서 평등사회를 위해서는 최적의 상태가 되어야 하는 것이지."

"서로 믿음으로써 최적의 경우를 선택한 사람들이 모여 사는 곳이 바로 천당이네요."

"그래서 착한 사람과 악한 사람을 분리했을 때는 자연스럽게 인과율이 잘 지켜지는 것 같았는데(사후의 천당과 지옥처럼) 섞으면 인과율이 성립이 안 되는 경향이 높다(현실세계처럼). 이것은 마치 맹물과 잉크를 따로 칸막이를 했을 때는 두 물체의 특성이 뚜렷하다가 칸막이를 제거하면 특성을 잃어버리며 뒤섞여 버린다. 이것을 과학용어로 엔트로피증가법칙이라 하는데, 이런 상태가 인과율을 없애고 눈에 보이지 않는 혼합물 자체의 독특한 구조를 이루게 된다.

이것이 바로 모든 삼라만상이 한데 어울려 존재하는 자연의 본질인 것이다. 자연의 모두가 어울려(선과 악을 포함해) 존재하기 때문에 인과법칙이 성립되지 않고 사회적 진실이 보다 현실적인 법칙으로 존재하게 되는 것이다. 즉 우리가 사는 현실세계인 것이다. 이러한 현실세계 때문에

삼라만상(인간을 포함)은 본질적으로 이익(자신의 편익)을 좇아 행동한다. 이것이 모든 것이 지금까지 존재하는 이유이다. 자기합리화라는 것도 결과적으로 보면 이기심에서 나온 행위이다.

악한 것은 선한 것을 구축(몰아내)하지. 이것이 자연이야(경제학에서 이것을 악화는 양화를 구축한다고 한다). 그래서 부처는 인생을 고해(苦海)와 같다고 했지."

"그건 너무 불합리하잖아요." 민국이가 투덜댔다.

"선한 일을 했다고 하늘이 복을 주는 것도 아니고 악한 일을 했다고 하늘이 벌을 주는 것도 아니지. 다만 시간이라는 자연이 결국에는 모든 것을 평등하게 만드는 거야. 그리고 다행히 세기 변수라는 것이 있어 세상은 결국은 공평해지게 되는 거야.

물리학에서의 제1원리가 에너지 보존칙인데 자연의 이법도 마찬가지인 거지. 선행이 당장 보답이 없다 해서 없어지는 것이 아니고(보존되고) 악행 역시 당장 벌이 없다 해서 사라지는 것이 아니지. 그러니 자연의 이법은 결국 착한 일을 하라는 것이야."

"그러면 인과응보법칙이 이루어지려면 어떻게 하여야 되는가요?" 민국이가 궁금한 눈초리로 쳐다보며 물었다.

"그래서 혼돈된 세상에서 **인과율**이 지켜지려면

질서가 있어야 된다는 뜻이다.

천당이란 믿음과 질서가 있는 사회로

사이좋게 나누어 먹을 수 있는 바로 인과율이 적용되는 사회인 것이다.

질서를 잘 지키고 법이 확실하면 인과율은 바로 눈앞에 있는 것이다.

즉 법령(法令)이 명확해야 조직이 평화롭고 강해진다.

(Rule(법)은 Ruler(잣대)이다.)

요순시대와 같은 사회란 바로 인과적 진리가 사회적 진실과 일치되는 생각을 가진 사람의 모임이라면, 현란한 현대는 인과적 진실보다는 사회적 진실이 우선하는 사람들의 모임이라 할 수 있겠다. 이것은 입으로는 진리에 대해 긍정하면서도 '세상을 살려면 착해만 가지고는 힘들지.' 하고 운운하는 사람이 많다는 것이다."

"그런데 할아버지, '부지런하면 반드시 좋은 결과를 얻고 게으르면 반드시 나쁜 결과를 얻게 되나요?'

그러면 학교 때 열심히 공부한 우등생은 사회에서 성공하고 게으른 학생은 사회에서 낙오를 하게 될 것인데 가끔 어떤 우등생은 사회에서 실패하고 어떤 열등생은 성공하는 경우가 있는데 그건 왜 그러죠? 이것은 인과율에 어긋나는 것 같은데 그 이유가 뭐죠?" 이제 막 회사에 들어간 대한이가 물었다.

"그래, 가끔 그런 경우를 볼 수가 있지. 그건 두 가지로 해석할 수 있지. 첫째는 총괄적으로 보아야 한다는 것인데 공부에는 우등생이어도 다른 것, 예를 들어 대인관계 등에 있어서 부족하면 의외로 사회생활이 힘들다는 것이지. 결국 승리한다는 것은 총체적인 면을 보아야 한다는 것이지."

"좋은 사례는 없나요?"

"많이 있지. 역사에서 승자와 패자가 판가름나는 것은 각자의 재능의 차이도 있지만 더 중요한 것은 그 재능을 어떻게 활용하는가, 즉 누가 더 효율적인가에 있다. 카르타고의 명장 한니발이 로마와의 칸나에 전투에서 승리를 하자 그 부하 중 한 사람이 로마 본토로 즉시 공격하자고 제안을 하였으나 한니발은 이를 받아들이지 않았다. 이에 그 부하는 '장군(한니발)은 전쟁에 승리하는 방법은 알고 있으나 그 승리를 이용할 줄은 모른다.'고 했다. 결국 한니발은 패장이 되었다(물론 한니발은 굳이 피를 보며 공격을 하지 않아도 고립된 로마는 자멸할 것으로 예상했으나 결국 로마의 식민지인 속국들이 로마를 배신하지 않아 전세는 역전되었지만). 다른 예를 들면 우리가 중국 삼국지에 나오는 지혜와 책략의 최고로 제갈공명을 꼽는다. 그런데 제갈공명이 위나라와 전쟁할 당시 밑에 위연이라는 장수가 제갈공명에게 우회하여 공격하자는 전략을 제시했는데 제갈공명이 이를 받아들이지 않았다. 결국 제갈공명은 위나라를 이기지 못했다.

과연 한니발이나 제갈공명이 부하장수의 제안을 받아들였으면 승자가 될 수 있었겠는가는 확실하지 않지만 한 가지 확실한 것은 한니발이나 제갈공명이나 재능은 뛰어났으나 지나친 신중함으로 인해 승리를 제대로 활용할 줄 몰랐다는 것이다.

옛날 중국 춘추시대의 제나라 환공이 멸망한 곽국이라는 나라에 가서 그곳 나이 많으신 노인에게 곽국이 망한 이유를 묻자 그 대답이 곽국 임금은 선을 좋아하고 악을 싫어했기 때문이라 했다. 그 대답이 이상해서 아니 그런 현군이 있었는데 왜 망했습니까 하고 물으니 대답인즉슨 곽국 임금은 선이 좋은 줄 알았지만 활용할 줄 몰랐고 악이 나쁜 줄은 알았지만 이를 없애지 못했고 대답했다."

"아, 전체를 보는 것이 중요하네요. 그럼 두 번째는 무엇이에요?"

"사람이 도를 닦든 현실세계에서 사업을 하여 돈을 벌든 어떠한 목적을 달성하기 위해 행위를 한다. 여기에서 평등과 효율이 목적 달성에 필요한 요소인데, 열심히 일한 사람이 게으른 사람보다 일찍 목표를 달성하는 것이 평등이지만 똑같이 열심히 일을 해도 얼마나 효과적으로 하였느냐는 또 다른 문제로 바로 효율의 문제이다(사실 효과를 높이기 위해서는 역시 노력을 하여 재능을 높여야 효율적일 수 있으니 최종적으로는 평등에 귀착되지만). 이 효율에 의해 노력에 대한 성과가 차이 난다고 할 수 있지.

이것을 낚시에 비유하면 낚시는 기다림의 미학이라고 한다. 그것은 물고기가 잡히지 않는다고 물속에 들어가 잡을 수는 없는 법이지. 즉 시간적 평등을 이루기 위해 기다리면 결국은 고기를 낚을 수 있게 된다. 그러나 기다림만으로는 고기를 잘 낚을 수는 없다. 거기에는 좋은 자리를 선정해야 한다는 문제가 남아 있다. 나쁜 자리에서 아무리 끈기를 가지고 기다려봐도 고기는 잘 잡히지 않는다. 이것이 효율의 문제인 것이다. 좋은 자리에 참을성 있게 기다림만이 목적한바 많은 고기를 낚을 수 있는 것이다. 좋은 자리를 찾기 위해서는 지식(공부)이 필요하며 기다릴 줄 알기 위해서는 지혜(수양)가 필요하다. 이것은 좋은 자리는 효율의 문제이고 기다림은 평등의 문제이기 때문이지. 결국

효율이란 쓸모없는 노력(허비 waste)을 하지 말라는 것인데, 예를 들면 부처께서 수행 초기에 스승을 찾아다녔는데 그들은 하나같이 고행을 통한 내세의 추구를 하였던 바 이러한 것은 도를 깨우치는 데 도움이 되지 않는 즉 헛고생한 것이라는 것을 알아차리고(즉 그들의 방향이 틀린 것을 알아차리고) 홀로 따로 수행을 하여 중도를 통한 도를 닦게 된 것이지.

평등과 질서에 대해 다시 한번 생각해 보면 쉽게 이해하기 위하여 심부름에 대한 예를 들어보자. 형 대한이와 아우 민국이가 있는데 아우인 민국이에게 심부름을 시키면 민국이는 불만을 이야기하지. 형도 있는데 나를 시키는 것은 평등하지 않다고, 그래서 형에게 심부름을 시키게 되면 역시 마찬가지로 형이 불평하게 되지. 이러한 것들은 심부름이라는 '행위'를 발생시킬 수 없게 된다. 그러면 어떻게 해야 하나? 그것은 아우인 민국이가 먼저 심부름을 하고 다음 번(시차)에 형인 대한이가 심부름 가는 것이지. 왜냐하면 민국이가 아주 어릴 때에는 대한이가 심부름을 많이 갔기 때문이지.

이렇게 현실상에서의 평등에는 반드시 시차(다음 번)라는 것이 발생하게 된다. 이러한 시차는 부분적으로 평등을 깨뜨린다. 이 깨뜨려진 평등을 다시 정상적인 평등으로 되돌리기 위해서 즉

전체적(원인과 결과를 합하여)으로 봐서 평등을 유지하기 위해 어떤 방법이 좋은 것인가 라는 문제가 발생된다. 위의 예에서 심부름을 형이 먼저 가야 하는가? 동생이 먼저 가야 하는가? 하는 문제이며 여기서 **순서**의 문제가 생겨난다."

"결국 무엇을 먼저 하느냐 하는 문제네요."

"그래. 자연의 평등은 인간사회에 있어서 깨어질 수밖에 없고 이것을 (평등으로) 되돌릴 가장 효율적인 자연의 이법이 바로 **올바른 순서대로 진행**시키는 것이란다. +1-1과 -1+1은 둘 다 답이 0이지만 이 둘 중에서 어느 것이 더 효율적이냐 하는 문제이지(위의 예에서는 심부름을 형이 먼저 가야 하는가? 동생이 먼저 가야 하느냐는 문제이다). 그것은 자연계에서 나타나는 현상을 잘 생각해 보면 알 수가 있다. 예를 들면, 민국아! 지하철에서 문이 열릴 때 안에 있는 사람이 먼저 나와야 되나 밖에 있는 사람이 먼저 안으로 들어가야 되나?"

"그야 안에 있는 사람이 먼저 나와야죠!"

"왜 그렇지?"

"그야 안은 복잡하고 밖은 넓으니까요."

"그래. 일단은 양쪽 사람이 모두 동일한 기회이니 서로 먼저 나갈 수 있다고 주장할 수 있어요(평등의 원칙에 의해). 그런데 밖이 전철 안보다 덜 저항적(밖의 공간이 더 넓어 엔트로피가 크기 때문. 자연은 엔트로피가 큰 쪽으로 진행하려는 경향이 있다. – 엔트로피는 무질서로 가기 쉬운 정도를 수치로 나타내는 물리량)이기 때문에 안에 있는 사람이 먼저 나오는 것이 더 경제적 행위가 되지(나올 때 저항을 덜 받지). 따라서 밖에서 보았을 때 안에 있는 사람에게 양보하여 먼저 나오게 하고(-1) 다음에 밖에 있는 사람이 들어가는(+1) 것이 효율적인 것이다(-1+1=0이 더 효율적이다)."

"복잡한데 쉬운 예는 없나요?"

"간단한 예를 들어 보면 똑같이 고생하여 숙제를 하는데 미리 숙제하여(-) 칭찬 듣는 것(+)하고 놀다가(+) 야단맞은 후에 숙제하는 것(-)하고 어느 것이 과연 효율적인가?"

"아휴 할아버지는 맨날 공부 이야기야." 민국이가 투덜댔다.

"다 우리 민국이를 위해서 하는 이야기야. 아무튼 여기서 우리는 자연의 조언을 하나 얻을 수 있다.

자연의 실행 조언: 효율

먼저 양보를 하면 큰 이익이 되돌아온다.

(미리 손해 보는 것이 이익이다.   -1+1=0)

즉 자연은 가장 효율적으로 진행되기를 원한다. 이를 위해 미리 혼란(손해, 고생)을 겪고 나중에 안정(이익, 평온)을 가지는 것이 더 효율적인 것이다. 알았죠?"

"네."

"그래서 효율적인 것이 인생에 있어서 최종 승자를 가리는 중요한 열쇠라는 것을 시사해 준다. 이것이 바로 재능은 있으나 이를 '제대로' 활용하지는 못했다는 것이다. 로마의 위대성은 가장 효율적인 민족이라는 것인데 우선 자기의 재능은 최대한 활용하며 자기가 가지지 못한 재능은 타민족을 적극 이용한 것이다. 또한 사회간접자본을 철저히 구축하고 이에 따른 정보의 신속성을 기하고 철저한 준비를 한 점들이다. 잘 알았어요?"

"네. 준비하는 것이 중요하군요."

"그래, 효율적이기 위해서는 미리 준비를 해야 한다는 것이지. 이것은 효율의 기본 조언인 미리 고생(-)을 하여야 한다는 것(준비하는 것)이지. 그것은 일을 시행하는 데 있어서 중요한 역할을 하지. 평등이 완결에 대한 기다림이라고 한다면 효율은 시행에 대한 준비된 신속함이라 할 수가 있지."

"약간 추상적인데 좀 구체적으로 이야기해 주세요." 대한이가 알 듯 모를 듯 한 표정으로 대답했다.

"이야기했듯이 하늘은 누구에게나 평등하게 기회를 주고 그 기회는 자기가 처한 상황에 따라 (그 구조에 의거) 일정하게 반복해 오지만 사람들 중에 단지 '준비'된 사람만이 그 기회를 이용하여 크게 되는 것이지.

따라서 비록 지금 상황이 어렵더라도 항상 준비하여 자기에게 돌아온 기회를 최대한 활용하여야 하는 것이다. 사람이란 갑작스레 일을 당하면 순간에 일을 판단하여야 하기 때문에 오판이 생길 수밖에 없다. 따라서 '준비된 사람'의 의미는 이런 갑작스러운 일에 대비해 항상 미리 정보수집 및 준비를 하여 어떤 경우에도 바로 대처하여 문제를 해결할 수 있는 사람이 바로 현자인 것이다. 사람이 순간에 생각할 수 있는 능력은 비슷하다. 단지 그 전에 얼마만큼 긴 시간 동안을 미리 생각하고 준비하였느냐는 차이인 것이다."

"그렇군요."

"역사적으로 볼 때 예가 많이 있지. 주나라 800년 대계를 세운 강태공은 환갑이 훨씬 지난 후에야 주문왕의 부름을 받아 천하를 호령하였고, 당나라 때 측천무후는 (비록 과정에서 악명은 높았지만) 67세에 여황제가 되어 82세까지 약 15년간 나라를 잘 다스렸다(이것을 무후의치라 한다). 삼국지에 나오는 제갈공명은 유비가 찾아왔을 때 이미 천하삼분론을 설파하였다. 어찌 준비된 사람들이라 아니할 수 있겠는가?

진나라 말기 초와 한의 싸움에서 한의 명장인 한신이 제나라를 정복하고 사신을 통해 유방에게 (임시)제나라 왕으로 봉해줄 것을 요구하자 유방이 격노하여 큰소리를 치려는 순간 옆에 있던 책사 장량이 유방의 발을 밟고 저지시켰다. 이에 유방이 한신을

(실질적)제왕에 봉하고 후일을 도모하였다. 만약 그 당시 유방이 한신의 요구를 거절하여 유방과 한신이 싸울 경우에 역사가 뒤바뀌었을지 모른다. 그런데 준비된(한신의 마음을 미리 간파한) 장량에 의해 위기를 넘긴 것이다.

민족 중에서 가장 준비성이 큰 민족은 바로 로마민족인 것 같다. 로마군은 군단에서 일하는 노예조차도 일상적인 일뿐만 아니라 실제 적과 싸울 수 있게 훈련시킨다. 또한 병사들은 실전과 같은 훈련을 하고 실제 전쟁에서는 견고한 숙영지 등을 구축함으로써 실전에 대한 만반의 준비를 한다. 또한 병참 조달 역시 가장 완벽히 수행하여 전쟁 시 오직 전투에만 열중하도록 철저한 준비를 한다. 이것이 로마군이 세계 최강인 이유이다.

로마인은 행운으로 성공하는 것보다 철저한 계획과 준비 후에 실패하는 것이 더 낫다고 생각한다. 그래야 더욱 중요한 경우에 대해 완벽한 대책을 강구할 수 있으니까. 한고조 유방이 천하를 통일한 후 논공행상에서 일등공신을 한신이나 팽월 같은 직접 싸움에 참가한 장수보다 병참(군수물자 보급)을 맡은 소하에게 수여한 것을 보면 역시 천하를 가질만한 인물이라 하겠다(물론 한신 등의 장수가 워낙 뛰어나 자신의 위협이 될 수 있음을 느끼고 미리 제거하였지만……).

군대에서 병참은 매우 중요하다. 이것은 군대의 행군 속도와 밀접한 관계가 있는데 몽골군은 육포(肉脯)를 만들어 마상에서 식사했고 샤브샤브 요리를 만들어 즉석요리하여 신속함이 세계 최강이 되었다. 나폴레옹은 병조림을 채택해 병참문제를 해결하였고 영국군은 통조림을 만들어 나폴레옹을 물리쳤다.

그래서 어떤 일을 도모함에 있어서 처음에 천천히 완벽하게 꾸민 후에 일을 시작하는 것이 좋은 것인가 아니면 일단 일을 시작하고 그 후에 차츰 개선하는 것이 좋은가? 그 중 어느 것이 나은 방법인가 하면 후자인 것이다.

이 이유가 바로 차선이 최선보다 낫다는 것이고 그것은 기회라는 것은 순식간에 지나가 버리기 때문에 최선을 찾으려 머뭇거리다 보면 실패를 한다는 것이다. 따라서 평소에 미리 준비를 많이 하여 놓았다가 기회가 오면 신속히 진행하여야 하는 것이다. 이에 대한 좋은 것들을 열거하면

　-. 졸속한 시행은 교활한 생각으로 인한 지연보다 낫다.

　-. 너무 많은 방향을 따지느라 자신이 어느 방향으로
　　가고 있는지 모르는 경우가 많습니다.

　-. 유태인의 이야기 중 이런 것이 있다 : 많이 사용하면
　　안 되는 것 세 가지는 이스트, 소금, 그리고 망설임

　-. 전투에 임해 '멈칫'해서는 안 된다. '멈칫'하는 자세
　　는 죽는 수이며, '멈칫'하지 않는 것만이 살아남는
　　수법이다(미야모토 무사시) 등이 있지.

그런데 대한이는 축구 좋아하나?"

"네, 대한민국!!" 대한이가 신이 나서 대답했다.

"축구에서 골을 넣어 점수를 얻으려면 반 박자 빨라야 된다고 한다. 이는 볼을 잡고 약간이라도 머뭇거리는 순간 적들은 수비 태세를 갖출 수 있게 되기 때문이다. 즉 '멈칫'하면 안 된다는 것이지. 북미의 전설적인 아이스하키 선수가 있었는데 그는 퍽(하키로 치는 일종의 공 같은 납작한 물건)이 가는 곳에 먼저 가 있다가 처리를 하는 바람에 항상 승리를 한다. 즉 그는 시합의 흐름을 먼저 읽고 그에 맞추어 퍽이 가는 방향을 알아차려 준비를 하는 것이다."

"네, 잘 알았습니다."

"자, 이제 그러면 우리는 도덕에 대하여 생각해볼 수 있다. 도덕이란 무엇인가? 부모님과 자식이 동일하게 대접받는 것이 도

덕이 아니다. 부모에게 효도하라, 그러면 너도 자식으로부터 효도를 받을 것이다. 네가 어려서 부모에게 효도하는 것은 천당의 너의 창고에 복을 쌓는 것이고 나중에 너의 자식으로부터 효도를 받으면 그 천상의 창고에서 꺼내 쓰는 것이다. 만약 자기 자식에게 효도를 못 받으면…… 그러면 천상의 나의 창고의 복은 그대로 저축되어 있는 것이다.

한 알의 밀알이 땅에 떨어져 썩으면 꽃이 필 것이요

그렇지 않으면 그대로 있을 것이다. 따라서

도덕이란 평등에 대한 효율적인 선택의 행동지침인 것이다. 위의 천당과 지옥의 예에서도 서로 상대방에게 빵을 양보하는 사람들이 모인 곳이 천당이라는 이야기이지."

"아, 이제 알았어요. 도덕도 결국에 가서는 자기를 위한 것이 되는군요." 민국이가 고개를 끄덕이며 대답했다.

"그렇지. 그러나 도덕이 효율적인 행동이라 하여 실제로 모든 사람이 도덕을 행하는 것은 아니다. 이것은 인간은 이익을 좇아 행동(효율적 행동)하기를 원하지만 실제론 불균형에 의해 비효율적인 행위가 시장에서 이루어지는 것과 유사하다. 즉 똑같은 물건도 정보를 몰라서 비싸게 주고 사는 경우가 발생하는 것이다.

이는 바로 불균형이 비도덕성과 유사성을 가진다고 할 수 있다. 자신의 행동이 비효율적이라는 것(그래서 비도덕적이라는 것)을 사람 자신이 모르고 행하는 경우가 많기 때문에 종교 내지는 여러 사상가들이 적절한 방편을 만들었던 것이다."

"할아버지, 방편이 뭐예요?" 민국이가 물었다.

"그것은 일종의 문제 해결을 위한 수단이라고 볼 수 있지. 예를 들면 공부할 때와 마찬가지로 사람들이란 각자의 마음 수준이 천차만별이기 때문에 단순하게 일률적으로 진리에 대하여 말할 수가 없고 각자의 수준에 맞는 적절한 방법을 구사하는 것을 말한다. 이러한 방편은 교육에 있어서 아주 중요한 역할을 하지."

"네, 알았습니다."

"그래서

사람이 사회생활을 하면 평등이 깨지게 되며 그로 인해 행위가 발생되고 그 행위에서 무엇을 우선에 두느냐 하는 문제가 발생한다. 이로써 **먼저와 나중을 반드시 결정**하여야 하며 여기서 **효율적인 선택**이 필요한 것이고 이렇게 결정된 것이 바로 **질서**라는 것이다. 그리고 세상사는 격식에 대한 질서가 바로 예(禮)인 것이다."

"유교에서 말하는 예인가요?" 민국이가 물었다.

"그래. **공자의 예(禮)도** 결국은 **효율적인 질서의 개념인** 것이다. 이것은 바로 주(主)와 부(副)의 역할이 다르다는 것이다. 주와 부가 각기 맡은 바 소임을 다할 때 그 사회는 질서 있는 사회가 되고 인과율이 적용되는 사회가 되는 것이다. 개개인의 행위에서도 주와 부가 존재하므로 자신이 어떤 행위든 실시할 때 반드시 선후의 개념을 생각해 먼저 해야 할 것에 대한 명확한 선택이 필요하다. 이것이 도덕이요 예법인 것이다.

다시 말해 공자께서는 **위계의 질서**를 이야기한 것으로써 각 직급 및 위치에서의 해야 할 일, 즉 임금은 임금, 신하는 신하, 부모는 부모, 자식은 자식으로써 해야 할 일을 이야기한 것이 유교인 것이다(父父子子 부모는 부모답게 자식은 자식답게).

중국 춘추전국시대에 여러 사상가가 있었는데 그 중 법가(法家)는 불평등이 당장 해소되어야 사람들이 곧바로 뉘우쳐서 (외부의 입력에 의해) 행동을 바르게 할 것이라는 것이고, 유가(儒家)는 시간의 경과 후 자연적으로 평등하게 된다는(스스로에 의해) 것이다. 유가와 법가가 다른 것이 아니다. 다만 그 속뜻을 잘 알지 못할 따름이다. 부모에게 효도하라는 것이 유가의 이야기라면, 그래야 너도 자식에게서 효도를 받을 수 있다고 교육하고 불효자에게는 벌주는 것으로 자연의 체계를 가르친 것이 법가인 것이다. 그러므로 지상의 법은 새로운 것이 아니라 다 자연의 법을 물려받아 쓴 것뿐이다.

즉 유교는 하늘에 대한 인간의 도리로써 순천자(順天者 하늘의 법도에 따르는 자)는 결국에 평등사회로 갈수 있고, 역천자(逆天者)는 평등사회로 가지 못하고 스스로 패망하고 만약 그 당대에 그 과보를 받지 못하면 그 후손에 이러한 복덕 내지는 죄과를 받는다는 것이다.

천주교 내지 기독교에서는 이러한 불평등이 각 개인에 대한 것보다 인류 전체의 원죄 개념으로 설명하고 있으며 이러한 불평등을 평등세계로 이끄는 중간 역할을 예수께서 하신다는 것이다. 이에 순응하여 종교에 귀의하면 죽어서 천당에 태어나서 그 불평등에 대한 보상을 받을 것이고 그렇지 않으면 죽어서 지옥으로 떨어질 것이라는 것이다.

또한 불교에서는 과거와 현세 그리고 미래를 통하여 윤회를 한다고 한다. 따라서 현세 자체만 보았을 때는 불평등하지만 전체 삼세(三世-전생 현생 내생)를 통하여 보았을 때에는 결국 평등원리가 구현된다는 것이다.

각 교파	보상하는 시기
법가	그 즉시 또는 가까운 시일 내
유교	한 세대 후 또는 다음 세대
불교	내생 (물론 가까운 시일도 가능)
천주교/기독교	천당

그래서 사람이 무언가를 잘못했을 때 스스로 부끄러움을 느끼면 도덕적인 사람이고 그것이 법에 저촉되는가를 먼저 따지면 그것은 비도덕적인 사람인 것이다. 이러한 도덕의 개념을 조직과

사회에 대해 이야기하면 '남을 먼저 인정해 주는 것'이 되는데 조언으로 표현하면 **'내가 싫은 것을 남에게 하지 말라'**는 것이다. 모든 도덕적 기준은 여기로부터 나오니

- 죽기를 싫어하면 살생을 하지 말아야 할 것이며
- 재물 잃는 것을 싫어하면 도둑질을 하지 말며
- 속고 싶지 않으면 남을 속이지 말아야 하고
- 자신의 여자가 온전하길 바라면 간음을 하지 말라.
- 내가 배우자를 왕(왕비)처럼 대하여야 자신이 왕비(왕)가 되는 것이다. 배우자를 하인처럼 대하면서 어찌 자신은 하인의 남편이 아닌 왕비의 남편[왕]이 되길 바랄 수 있겠는가

이러한 것이 사회생활에 기본이 되는 것이다.

질서 즉 순서가 중요하다는 것으로 '외상술'이라는 좋은 예가 있지. 이것은 처음에 술집에서 술을 먹을 때 제 돈 주고 먹은 사람과 외상으로 먹은 사람의 차이인 것이다. 이 두 사람이 그 다음 달부터는 동일한 돈을 주고 먹지만 처음에 외상술을 먹은 사람은 다음 달부터 온 돈을 주고 먹어도 계속 외상술을 먹게 되어(낸 돈은 먼저 것을 갚아야 하니) 평생 외상술을 먹게 되며 처음에 돈을 미리 내고 먹은 사람은 평생 큰소리치며 먹게 된다. 이 두 사람의 차이는 겨우 처음 한 달을 먼저 냈느냐 아니냐 하는 차이였지만 대접은 평생 따라다니는 것이다.

자연의 이법(理法)은 자연의 질서를 지키는 것이고 이것은 곧 올바른 순서를 가져야 한다는 것이지. 그래서

질서는 본말(주主와 부副)의 순서를 지키는 것이다.

이것은 주(主)된 것과 부(副)차적인 것의 역할이 구분되어 있다는 것이다. 사람과 자리(직위)의 경우를 생각해 보면 사람이 주(主)고 자리가 부(副)인 것이다. 그런데 자리가 사람을 이기는 경우에는 사람이 그 자리에 맞게 행동하지 못하게 되는 것이다.

즉 자리가 자신을 눌러 스스로 거만해지게 되는 것이다.

어리석음이란 주와 부가(앞뒤가) 뒤바뀐 생각 때문에 생기는 것이다. 주를 먼저 하면 부는 자연이 따라오게 되어 있다. 주와 부가 바뀌면 스스로 하고자 하는 생각(자연의 이법)을 잊어버리게 된다. 야구나 골프를 예를 들면 타법을 생각하며 타석에 들어서도 정작 칠 때는 멀리 보내려는 욕심에 스스로 타법을 잊어버리게 된다. 그러면 힘이 들어가고 결과적으로 잘못된 타구가 나오게 된다. 즉 거리를 염두에 두지 말고 타법만 지키면(주를 먼저 하면) 저절로 거리가 나는 법이지(부가 따라오게 된다).

모든 일에 있어서 **전진(前進)이란 매 순간마다의 전진이 아니라 2보 전진 1보 후퇴**를 말한다. 여기서 전진이 주(主), 후퇴가 부(副)가 되는 것이다. 1보 후퇴 때 자기 자신을 반성하고 약점을 분석하고 힘을 축척하는 것이다."

"재미있는 예는 없나요?" 민국이가 말했다.

"재미는 없지만 적절한 예는 있지. 인생에서 성공한 것이 부자가 되는 것과 자식에 대한 올바른 교육이라고 하면 이 둘에 대한 예를 들어 설명해보자.

우선 부(富)의 대표적인 재테크로 주식에 대해 볼 것 같으면 주식시장에서 장세에 대한 예측은 고수와 하수가 별반 차이가 나지 않는다고 한다. 다만 둘의 차이점은 고수는 이익(主)을 오래 가져가고 손실(副)을 짧게 가져간다는 것이다. 그러나 하수는 이익을 짧게, 손실은 길게 가져간다는 것이다. 이로써 최종적으로 큰 차이가 나는 것이다.

다른 예로 교육에 대해 이야기해 보자. 자식에 대한 올바른 교육 방법은 칭찬(主)은 길게, 꾸중(副)은 간단히 짧게 하는 것이다. 잘못을 했을 시 꾸중을 할 수는 있으나 간단명료하게 하며 칭찬은 여러 번 자주 하는 것이 증폭적인 효과가 있는 것이다.

돈을 쓰는 경우에도 마찬가지이다. 진정한 부자는 푼돈을 쓸 때에는 아끼면서 큰돈을 쓸 때에는 확실하게 쓴다. 푼돈일 경우에는 돈이 주가 되므로 아끼지만, **큰돈일 경우에는 돈이 주가 아니라 사람의 마음(을 잡는 것)이 주가 되기 때문**이지. 알았어요?"

　　"네, 잘 알았습니다."

　　"초한지(진나라 말 혼란 시기)를 예로 들어보자. 초나라의 항우는 위에서 지배만 했지 부하를 잘 다스리질 못해 보좌해주는 부하를 잃었다(그 밑의 명장 한신은 도망쳐 유방에게 갔다). 그러나 한나라 유방은 위에서 잘 지배를 하였고 그 부하(장량, 한신⋯⋯)들의 보좌가 훌륭했기 때문에 초나라를 이기고 천하를 통일할 수 있었다.

　　또한 당나라 태종의 경우에도 훌륭히 부하 관리를 하였고 밑의 부하(위징 등⋯⋯)들도 곧은 소리로 잘 도와준 덕에 통치사상 유명한 정관의치(당태종의 나라 다스리는 치적을 나타낸 말)를 이루게 된 것이다.

　　그래서 조직의 흥망성쇠의 여부는 바로 위의 법칙에 잘 부합되느냐에 달려 있다. 상사가 확실히 장악하고 밑의 부하가 성실히 보조할 때 그 조직은 세계 최강이 되는 것이다."

　　"예를 들으니 이해가 되네요."

　　"사람이 가지고 있는 능력은 중국의 고대 학자가 말한 것처럼 덕(德)과 재능(才)이 있다.

　　그런데 항상 사람은 자기가 가지고 있는 것 이상으로 자랑하고 내세우려고 하는 즉 재승덕(才勝德 사람의 재능이 덕을 이기는 경우)하기 때문에 거만하고 교만한 것이다. 항상 겸손하고 자기의 재능을 낮추어 생각하는 덕승재(德勝才)야말로 올바른 길인 것이다. 즉 덕이 주(主)가 되고, 재(재능)가 부(副)가 되어야 한다는 것이다.

어떤 모르는 지식에 대하여 그것을 모른다고 하지 않으면 그 사람은 평생 그 지식 이상의 지식을 얻을 수 없게 되는 것이다. 모르는 것을 모른다고 하는 것이 그 지식을 습득하여 다음 지식을 얻을 수 있는 올바른 길인 것이다. 그리하여 항상 자기가 가지고 있는 지식 수준보다 덕(德)의 수준이 한 단계 높아야 재(才)도 더 앞으로 나갈 수 있는 것이다.

돈을 번다는 것도 마찬가지이다. 사업을 하여서 돈을 잃는다는 것은 자기 능력만큼만 번 후에 다시 능력을 키워야 하는데 자기 능력 이상으로 무리하게 사업을 확장하거나 욕심을 내기 때문에 실패하는 것이다.

착한 사람이란 바로 덕승재(德勝才)인 사람인 것이다. 뉴턴 등과 같은 위대한 과학자는 인류에 수많은 문명의 이기를 창조해 주었다. 그러나 안타깝게 인간적으로 큰 환영을 받지는 못했다. 우리나라 역사를 되돌아볼 때에도 문학적 사상적으로는 훌륭한 예술을 남겼지만 친일 행동을 한 사람들이 참 많았다. 과연 이런 사람들은 좋은 사람들인가? 후세 그들의 작품을 감상하는 사람들의 마음속에는 과연 진정으로 무엇을 느낄 수 있는 것일까?

예술의 본질은 과연 무엇인가? 이렇게 예술적으로 훌륭한 작품을 남겼지만 실제 행동은 다른 것을 우리는 어떻게 받아들여야 하는가? 2차 세계대전 때 나치군이 명화를 많이 강탈하고 좋은 음악회를 많이 열었으나 그것이 무슨 의미인가? 히틀러가 바그너의 음악을 좋아했다는데 과연 히틀러는 바그너의 음악으로부터 어떤 감명을 받았고 얼마나 정신적인 성장을 하였을까? 예술을 느낄 줄 아는 것과 착한 것과는 다른 것일까? 만약 히틀러가 덕승재(德勝才)였다면 인류에 얼마만한 공헌을 했을까?

우리나라의 이조시대 정치를 보면 역시 똑같은 질문을 던질 수 있다. 성리학이란 참으로 훌륭한 이론적 배경을 가진 학문이고 더욱이 치국(治國)에 대하여 너무나 뛰어난 지침서이다. 그런데 그 학문을 배워 국정의 근간을 이룬 이조의 관리들은 과연 요순시대를 이루었는가? 이 역시 그들은 재(才)에 비하여 덕(德)이 부족한 것이다. 이들은 유교로부터 재(才)에 대한 기법만 중시했지 그보다 더 중요한 덕(德)을 더 나아가 덕에 대한 행함을 하지 못한 것이다."

"정말로 덕이 중요하다는 것을 새삼 느끼네요. 덕과 재능의 다른 차이점은 또 없나요?"

"덕이란 자기에게 장점만 되는데 재능은 장점인 동시에 단점인 것이다(양은 양만을 음은 음양 모두 포함 - 불은 뜨거운 불만 있지만 물은 뜨거운 물 차가운 물 둘 다 존재).

그림에 재능 있는 사람이 훌륭한 화가도 되지만 모사(模寫 위조그림)에 악용되기도 한다. 크고 곧게 잘 자란 나무는 관상으로도 좋지만 목재로도 탐이 나기 때문에 일찍 베임을 당한다. 재능은 커질수록 자만과 유혹이 자라나게 된다. 이러한 이유 때문에 인생이란 의외로 가난(어려울 때)은 같이 할 수 있어도 부귀는 같이 하기가 더 어려운 법이다.

중국 춘추전국시대의 오월전쟁에서 월왕 구천이 먼저 싸움에 패하였으나 그는 노력하여 다시 오나라와의 전쟁에서 승리를 했다. 이때 월왕 구천과 어려울 때 생사고락을 같이한 모사 범려가 있었는데 힘들 때 같이 고생하다 정작 전쟁에 승리하여 부귀영화가 보장되었는데 그는 구천의 곁을 떠나며 월왕은 고난을 같이해도 부귀는 같이하기가 힘든 사람이라 하였다.

부귀를 같이하기란 정말로 어려운 것이다.

그래서 이러한 주된 것과 부차적인 것의 역할이 바뀌었다는 것이 바로 본말이 전도된 것이라는 것이다. 그럴 경우 사회가 혼란스럽게 되고 바로 사회적 진실이 난무하게 되는 것이다. 이로 인해 사람은 죄를 짓게 되는 것이다(오해의 소지를 피하기 위해 첨언하는데 사회적 진실이 무조건 나쁜 것은 아니다).

예를 하나 들어보자. 누군가가 차를 타고 고속도로를 주행하다 보면 가끔 차가 막히는 경우가 발생한다. 그럴 때 갓길로 차를 모는 사람이 없으면 대체적으로 자기 차선을 잘 지킨다. 그런데 만약 한 사람이 갓길 쪽으로 운행을 하게 되면 그 뒤를 따라 여러 대가 갓길로 운행을 하는 것을 볼 수 있다. 이것은 여러 사람이 같이 행함으로써 사회적 진실이 발생되어 도덕불감증이 생기게 되는 것이다. 이것을 흔히 말하는 관행이라는 말로 면책을 하려는 것이다.

과연 여러 사람이 행하면 옳은 것인가?

옳고 그름에 대한 판단은 '무엇이 옳으냐?'(what is right?) 즉 그 행위 자체에 대한 것이지 '누가 옳으냐?'(who is right?) 즉 사람에 따라서 옳고 그름이 바뀌는 것은 아닌 것이다. 비록 백 마리의 개가 짖더라도 그것이 헛것이면 헛것인 것이다. 그런데 사람들은 가끔 다자(多者-여러 사람)의 논리로 자기합리화를 시킨다. 이 얼마나 혼돈된 세상이란 말인가."

"정말 그러네요."

"**본말**이 **전도**된 해석

이 때문에 사람들은 참 성품을 잃어버리고 뒤바뀌어 생각하게 된다. 그러므로 주된 것과 부차적인 것이 각자의 역할과 질서를 유지할 때 바로 천당과 같은 사회집단이 유지되는 것이다. 그것이 부모(主)와 자식(副) 간의 질서이고 이를 우리는 **효도**라 부르는 것이다. 알았어요?"

"네, 잘 알았습니다."

"불가(佛家)에서 번뇌를 없애는 방법을 이야기하자면

'**바른 생각**이라 함은, <u>아직 나지 않은 번뇌를 나지 않게 하고</u>, 이미 난 번뇌는 놓아 버리는 것이다.

바르지 못한 생각이라 함은, <u>아직 나지 않은 번뇌를 나게 하고</u>, 이미 난 번뇌를 길러가는 것이다.

바르지 못한 생각이란 죽은 후에는 어찌 될까? 천당이나 지옥은 있는 것일까? 내년에는 내가 어찌 될까 등이다.'

그래서 사람들이 걱정하는 것의 90%는 아직 일어나지 않거나 일어날 가망이 없는 것들이라 한다. 내가 얼마나 의미 없고 하찮은 것에 돈과 시간을 낭비하였는지 깨달아야 한다.

세상 모든 것은 양날의 칼인 것이다. 이를 잘 이용하면 두 배로 편하지만 잘 못하면 두 배로 다칠 수 있다.

예를 들어 주식시장에서 금리인상이라는 재료가 노출되었을 때 일면으로는 자금이 은행권으로 이탈하는 악재로 볼 수 있지만 다른 면으로 보면 경기가 좋아지는 국면이라 해석할 수도 있다. 어느 것을 주(主)로 잡느냐에 따라 선순환이냐 악순환이냐가 결정되는 것이다.

인생에 있어서도 역시 마찬가지이다. 사람 앞에 놓인 상황은 모두와 똑같다(즉 평등하다). 그러나 사람에 따라 달리 해석되어지는 것이다. 위의 주식의 예처럼 똑같은 재료에 대해서 현재 주식을 보유한 사람은 긍정적으로 생각하게 되고, 주식을 사려고 대기한 사람에게는 부정적으로 생각하게 되는 것이다.

즉 동일한 상황에 대해서 사람은 자신이 아는 만큼만 보이고 생각하게 되는 것이다.

고대 마케도니아의 알렉산더대왕이 페르시아와의 전쟁이 있던 전날 밤에 부하와 같이 막사 밖을 거닐었는데 부하가 구름에 가려진 달을 쳐다보며 '달이 불길한 모양을 하고 있군요.' 하니

알렉산더대왕이 '적은 더하겠지'라고 대답했다. 결국 알렉산

더대왕이 승리를 하였다.

　이것이 인생에서 승리하는 비결인 것이다.

　알았어요?"

　"네."

1-6. 선순환의 삶

"그런데 할아버지께서 전에

'내가 미리 손해를 보아도 시간을 갖고 기다리면 평등에 의해 다시 좋아진다.'고 하셨는데 도대체 얼마만한 시간을 기다려야 해요?" 민국이가 궁금한 듯 물었다.

"사람들은 거의가 민국이처럼 과연 언제 평등이 될까? 정말 평등은 되는 걸까? 라는 의심을 갖지. 그러나 세상이 평등하다는 것은 단기간 내에는 불평등해도 일정한 시간이 지난 후에는 보상이 되니까 평등하다고 이야기하는 것이지. 그래서 평등을 위해서는 항상 일정한 시간이 요구되고 이러한 시차가 세상의 모든 현상이 주기를 가지게 만드는 것이다. 이 주기가 기다리는 시간이 되지. 평등을 위한 주기를 갖는다는 것은 질서를 유지시켜야 한다는 것이지. 즉 여름이 봄보다 먼저 올 수는 없다는 것이지.

한 세대(generation)를 30년이라고 하는데 이는 효(孝)는 30년의 주기로 완결된다는 것이다. 이렇게 30년 주기로 자식이 부모에게 효도하고 그 자식이 크면 다시 그 자식에게 효도를 받게 되는 것이다. 즉 순환이 된다는 것이다. 이러한 주기가 세상의 변천에 대한 본질인 것이다. 예를 들면 생로병사, 영고성쇠, 춘하추동 등이다. 이것이 자연의 질서인 것이다.

참 대한이와 민국이 중에 누가 노래를 더 잘 하지?"

"저요 저요." 둘이서 서로 잘 한다고 손을 높이 쳐들었다.

"그런데 갑자기 노래는 왜요?" 민국이가 물었다.

"노래를 잘 하려면 먼저 박자를 잘 맞추어야 하는데 보통 노래 못 부르는 사람은 한 박자 빨리 부르지. 아까 말한 주기를 가진다는 것은 박자를 가진다는 것으로 모든 일을 잘 한다는 것은 그 일의 박자를 파악하여 자기의 행동을 박자에 맞추어 행동한다는 것이다. 너무 빠르지도 또 느리지도 않게 행한다는 것은 그 행위의 박자에 맞는다는 것인데 서두르는 것은 바로 박자를 놓쳤다는 것이다.

그래서 일본 최고의 검객인 미야모토 무사시는 '무슨 일이든지 능숙한 사람이 하는 행동은 서두른다는 느낌이 없고 적당하다.'고 했다. 그러므로 이러한 박자나 순환이 잘 되어야 행복하고 평등해진다는 것이다. 즉 자식이 부모에게 효도하면 그 손자는 이러한 것을 보고 자란 후에 역시 자기의 부모에게 효도를 하고 이런 행위가 자손대대 순환(선순환)이 되는 것이다. 그렇지 못하면 불효로써 악순환이 되는 것이다. 이렇게 세상은 선순환 또는 악순환이 반복되며 이어져 흘러가는 것이다."

"그럼 어떻게 해야 선순환이 돼요?" 민국이가 재빨리 물었다.

"우선 간단한 예를 들어보자. 우리가 날씨에 대해 생각해 보면 비가 많이 오는 여름철에 당장 내일이나 일주일 후에 비가 올 것인가 하는 것을 예측하기는 힘들다. 그래서 대비를 잘할 수가 없다. 그러나 봄철에 '여름에는 비가 많이 오니 대비를 하자'고 얼마든지 예측하고 대응할 수 있다. 여름철이 돼서야 급히 대비책을 마련하며 내일 또는 내주의 날씨에 대해 염려하는 것은 어리석은 일인 것이다. 즉 1년의 순환(주기)을 파악하여 각 계절에 맞추어 미리미리 준비를 해 두는 것이다. 이것은 경제에 대해서도 마찬가지이다. 경제현상의 매일매일 또는 순간순간의 변화는 예측하기가 힘들지만 전체적인 흐름과 사이클을 모형화 시킬 수는 있다. 예를 들면 소비와 생산에 대한 사이클이 그것이다.

소비 증대 ---> 공장 가동 증대 ---> 회사 매출 증대

↑   ↓

임금 상승 <---------------- 회사 손익 증대

이와 같은 경제 사이클도 근본적으로 보면 긴 시간을 두고 미리 준비(먼저 손해 봄)하고 관리하는 것이 바로 선순환을 이루게 하는 방법인 것이다."

"그럼 만약에 악순환이 생겼을 경우에 어떻게 하면 선순환으로 바꿀 수 있나요?"

"악순환이 생겼을 시 선순환을 위해 전체를 바꾸어 주는 것은 비효율적이다. 단지 특정 부위의 방향만을 바꾸어 줄 수 있는 방아쇠(trigger) 힘만이 필요한 것이다. 그러면 전체의 흐름이 이에 맞추어 반대순환이 되는 것이다. 즉 위의 예에서 만약 임금 상승 항목에서 업주가 욕심을 부려 임금을 동결 내지는 하락시키면 다음은 소비 감소 그리고 곧이어 공장 가동 악화, 매출 감소…… 등의 악순환이 되는 것인데 이러한 악순환 역시 어느 한 부분의 방아쇠(trigger)에 의하여 다시 선순환으로 될 수 있다.

여기서 어느 부분을 trigger하여야 가장 효율적인가 하는 문제가 되며 이것은 각 경우에 따라 다르게 나타나나 가장 에너지 장벽이 낮은 곳을 해야 한다. 이것은 마치 비둘기가 여러 마리 모여 있을 때 이들을 날려 보내기 위해 전부에게 고함을 지르는 것이 아니라 한두 마리에게 겁을 주면 이놈이 날아가면서 다른 놈도 연쇄적으로 날아가게 되는 것과 같은 이야기이다."

"trigger라는 말이 어려워요. 구체적으로 무엇인가요?"

"흐름의 방향을 바꿀 수 있는 것을 이야기하는 것으로 그것은 어느 한 곳의 희생을 말하는 것이다. 즉 이런 전체적인 흐름도 어느 한 곳의 양보로 그것이 trigger역할을 하여 순환의 방향을 바꾸어 놓을 수 있다. 따라서 순환이 되지 않을 때는 과감히 정체 부분을 도려내어야 한다. 즉 일정량의 손실을 감안해야 한다. 이런 정체 부분을 도려내지 않고 선순환이 되기를 원하는 것은 항상 최선을 바라는 것과 같은 잘못인 것이다. 그러므로 과감히 손실분을 도려내어 (차선을 택함으로써) 선순환이 이루어지도록 해야 하는 것이다(예: 주식의 손절매). 과감한 절단과 희생은 어려운 시절에 꼭 필요한 것이다. 이것은 펌프의 물을 얻기 위해서는 처음에 약간의 희생의 물(마중물 pump priming)이 꼭 필요한 이치와 같은 것이다.

만일 네 오른손이 너를 죄인으로 만들면 그 손을 없애 버려라.
네 몸 중 하나가 없어지고 온 몸이 지옥에 던져지지
않는 것이 유익하니라……. 알았어요?"

"네, 그런데 좀 더 실질적인 예는 없나요?" 대한이가 물었다.

"그래, 대한이는 곧 군대 갔다 오면 취직해야지. 그래서 회사를 예로 들어보자. 회사에서 사원은 부채가 아니면 자산이다. 즉 중간이 없고 회사에 도움을 주든가 손실을 입히든가 둘 중 하나인 것이다. 그래서 회사의 인적 자원은 VECTOR(방향성 있는 힘)인 것이다. 앞의 방향으로 끄는 힘이 있는 반면 뒤로 끄는 힘이 존재하게 되고 이 두 힘의 차이가 바로 회사의 관리 효율인 것이다. 따라서 **효율적 조직 관리**라는 것은

플러스 요인을 증가시키는 것이 아니라
마이너스 요인을 없애는 방향으로 관리가 이루어져야
한다. (마이너스 요인이란 즉 쓸데없이 긴 회의시간,
잡다한 문서, 긴 결재라인……)

이러면 자연히 플러스 되는 것만 남게 된다(이것은 마치 전쟁에서 적병을 바로 사살하는 것보다 부상을 입히는 것이 훨씬 적에게 타격을 준다는 이론과 같음).

로마에서 가장 큰 승리는 아군의 사상자 수가 최소일 때라고 한다. 테니스나 기타 운동시합을 가만히 보면 초보자들이 하는 경우 시합에서 지는 이유가 초보자는 상대방 공격에 의한 실점보다는 자신의 실수로 인한 실점이 더 많이 발생한다. 즉 운동에

대한 자신의 마이너스(약점) 부분이 많이 있기 때문이지. 그래서 우선 자기의 약점을 보강하는 것이 강자가 되는 지름길이다.

다른 예를 들어보면 조직에 있어서 가장 효율적인 인사 운용은 소수정예화인데 이 소수정예화의 뜻은 인원을 감축하여 적은 인원으로 정예화를 만들자는 뜻이 아니고 인원이 적어지면 자연히 정예화가 된다는 뜻이다. 이래야 선순환을 이루게 되는 것이다."

"그럼 선순환을 이룬 후 계속 유지시키려면 어떻게 해야 하나요?" 대한이가 다시 물었다.

"선순환이란 흐름을 만들려면 일단 차이(CONTRAST)가 발생되어야 한다. 즉 위의 경제 사이클 예처럼 공장의 이익이 증대되면 자동적으로 임금과 이익의 차이가 발생되어(그 전의 수치에 비해) 임금이 상승하고, 이에 따라 소비와의 차이(CONTRAST)가 역시 발생되어 소비 역시 증대되어 점차적으로 선순환을 형성하게 되는 것이다. 그런데 이런 CONTRAST가 항상 발생되는 것은 아니다. 어떤 경우에는 역의 CONTRAST가 발생된다. 그러면 다시 악순환이 발생되는 것이다. 이러한 즉 중간 중간에 문제가 생겼을 때 악순환으로 전환되게 되는데 이를 방지하는 방법은 무엇인가. 간단한 예로써 농사짓는 경우에 대해 생각해 보자. 농사란 물이 필요하며 따라서 비가 제때 와주어야 좋은 농사를 짓게 된다. 그런데 만약에 비가 오지 않고 가뭄이 들면 어떻게 될까? 당연히 농사를 망치게 된다. 이를 해결하기 위한 방법이 바로 저수지를 만드는 것이다.

이러한 저수지 역할을 하는 것이 바로 흐름이론에 있어서의 완충(Buffer)인 것이다. 그래서 경영관리에는 두 가지 방법이 있는데 하나는 천수답(天水畓) 경영이고 다른 것은 저수지 경영이다. 저수지 경영이야말로 Buffer를 이용한 준비된 경영이라 할 수 있다. 결국 흐름이론은 두 가지로 요약을 할 수 있다.

선순환을 위해 특정부위의 **과감한 제거(희생) — 짧게 강하게**
적절한 buffer 설치와 이용 — 길게 오래

즉 부(副)를 짧게 하는 것(선순환을 위해 과감히 손해)은 미리 희생시키라는 것이고, 주(主)를 길게 하는 것은 buffer를 만드는 일(선순환을 위해 유익한 것)이다. 그런데 사람들은 부(副)를 적게 희생하라는 것도 아까워하다가 결국은 어리석은 행위 즉 주를 짧게 부를 길게 하는 뒤바뀐 생각과 행동을 하게 되지. 따라서 만약 결과만 가지고 해석을 할 경우에는 **본말이 전도**된 해석이 되어 사회적 진실이 작용하게 된다.

세 사람이 있는데 그 중 한 사람이 거짓말을 하면 거짓으로 느끼지만 만약 두 사람이 거짓말 하면 나머지 참말을 하는 한 사람이 도리어 거짓말을 한 것처럼 느끼게 되는 것이지. 그래서 보통 사람들이 현실적인 실생활에 접할 때 성현의 말씀이 실감이 나지 않게 되는 것이지. 그렇다고 앞뒤가 뒤바뀐(본말이 전도된) 생각을 하면 안 되는 거야. 이를 이해하지 못하기 때문에 사람들은 일반적으로 '세상 살려면 착해서는 안 되지……'라는 어리석음[愚]을 진실로 생각하게 되는 것이다. 그것은

'한 마리 개가 헛것을 보고 짖으니 백 마리 개가 따라 짖는다.'라는 어리석음을 행하게 되는 것이야.

따라서 평등이란 항상 긴 시간을 보고 원인과 결과를 묶어서 생각해야 한다. 그런데 우리가 보는 현실세계에서는 원인은 물론 결과까지도 같이 생각하려면 일정한 시간이 필요하게 된다. 즉 원인과 결과 사이에 시간의 차이(시차 時差)가 존재하게 된다. 이 시차가 사람을 불평등하게 만드는 것처럼 보인다.

따라서 긴 안목을 가지고 멀리 내다볼 수 있는 지혜
야말로 할아버지가 이야기하는 평등지혜인 것이다."

"네, 잘 알겠습니다."

"이러한 사실은 시간이 지나면 결국 평등에 의해 고생 후에는 행복이, 게으름 뒤에는 고통이 따른다는 것이지.

그래서 모든 일이 결과가 완성되기 전에는 진리가 맞지 않을 수도 있다는 것이다. 또한 사람들은 이러한 인과율(因果律 원인에 의해 결과가 나오는 것)을 믿는 경우에도 잘못된 믿음이 있는 경우가 있지. 즉 바라는 결과는 같은데 그 원인을 다르게 하는 경우가 있지. 예를 들면 대학에 합격하는 것이 바라는 결과이면 그 추구하는 원인은 당연히 '열심히 공부하는 것'이어야 하는데 어떤 사람들은 인과관계가 없는 행위(잘 풀라고 휴지를 준다거나 기도를 한다는 등……)를 하지. 또한 착한 일을 하면 죽어서 천당에 당연히 가는데 생전에 나쁜 일을 하고 죽으니까 후손들이 돈 들여 재를 지내는 것 등은 전혀 인과관계가 없는 것이지. 그런데 이러한 인과관계가 없는 것들을 사람이 믿어버리면 그 사람에게 있어서는 이러한 거짓이 진리가 되는 것이다."

"네, 잘 알았습니다." 민국이가 대답했다.

"그래서 모든 **행위에는 반드시 개념(양)과 반대 개념(음)이 결합**되어야 유위(有爲)가 성립되는 법인데 사람들은 한 가지(원인 또는 결과)에만 집착하여 진정한 지혜를 놓치게 된다. 중국 고전에 보면 '상대를 떨어뜨리려면 오히려 상대를 높여주어야 한다.'고 했다. 그래야 상대가 자만심이 생겨서 스스로 떨어지게 되는 것이다. 즉 스스로 원인(올라감)에 대한 결과(자만으로 떨어짐)가 형성되게 만드는 것이다. 이를 기다리지 못하므로 잘못된 행동(억지로 떨어뜨림)이 생기게 되는 것이다.

예를 들면 사람들은 자유(自由)를 갈망하지만 너무 자유를 용인하면 방종이 되어버리지. 그런데 혼돈이란 나쁜 의미로 보이지만 다른 관점에서 보면 자유를 나타내기도 하지. 반대로 구속이나 억압을 사람들이 싫어하지만 적절한 구속은 안정을 가져오지

(법적 구속력에 의한 사회적 안정). 모든 것이 선과 악을 공유하듯이 자연의 법칙에도 자유와 그 반대의 개념인 질서(억압)가 공존하게 되지. 간단한 예를 들어보자.

대한이와 민국이가 같이 식사를 하기 위해 중국집에 들러서 음식을 시키는데, 대한(형)이가 민국이에게 이 음식점은 자장면이 맛있다고 이야기를 하면 그것은 한편으로는 정보를 제공하여 주지만 다른 한편으로는 민국의 음식 선택에 대한 자유를 구속하게 되지. 즉 자유와 정보(질서)는 양립할 수 없는 것이지.

자기의 (강한)주장은 상대방의 자유를 구속하게 되지. 말은 대인관계에 가장 중요한데 내 말 중에 상대방의 자유를 구속하는 말이 얼마나 많은지 생각해보아라."

"네, 잘 알았습니다." 민국이가 대답했다.

"사람은 현자(賢者)와 어리석은 자로 구분되어지는 것이 아니라 '**계속 배우는 자**'와 '**배우길 포기한 자**'로 나눠지고 배우길 포기한 자의 대표적인 예가 자만한 사람인 것이지. 그래서

자만을 가져다주는 승리는 패배만 못하고

약점을 배울 기회를 제공하는 패배는 승리보다 나을 수 있는 것이다. 제일 무서운 적군이 패배한 척하는 적군인데 이것은 상대편에게 자만심을 불러일으키기 때문이지.

더구나 '**모든 사람[자연]에게서 배우려는 사람**'은 정말로 훌륭한 사람이지. 복리적 삶의 첫 단계는 잘못에 대한 부끄러운 마음을 가지는 것이고 반성을 통해 계속 나아지게 하는 것이다."

"네, 잘 알았습니다."

"그래서 선방향의 용기를 내면 인생이란 자기가 보는 관점의 차이에 따라 얼마든지 즐길 가치가 있는 것이다. 그렇기 때문에 자기가 가는 방향이 옳은 방향인지 계속 확인해야 한다. 아무리 복리적 행위를 하여도 방향이 바르지 못하면 아니한 만 못한 것

이다. 인디언들은 자신이 말을 타고 달리다가 가끔씩 멈춰 서서 뒤를 돌아다본다고 한다. 그 이유는 자신의 양심이 뒤따라오는가를 보기 위함이라 한다.

과연 우리는 시간이라는 말을 타고 달리다가 얼마나 자주 뒤를 돌아보며 양심이 따라오는가를 확인해 보았는가? 따라오지도 않는 양심을 뒤에 두고 열심히 앞으로 달려가 봐야(전진해 봐야) 내가 원하는 진정한 방향이 아닐 수도 있다. 스스로 가끔 멈추어 서서 숨을 고르고 자신을 돌아보는 시간을 갖는 것이 정말 중요하다. 세상엔 공짜가 없다. 게으르지 말고 부지런히 노력하라. 그래서 큰 지혜를 가진 사람이 어리석게 보이는 것(대지여우 大智如愚)은 잔 머리 안 굴리고 이것저것 따지지 않고 단순히 꾸준히 행하기 때문에 보통사람 눈에는 어리석게 보이는 것이다. 추가로 해주고 싶은 이야기는 바로 자기가 좋아하는 일을 직업으로 가지라는 것이다.

자기가 좋아하는 일을 직업으로 갖는 사람이 행복한 사람이다. 그러면 일이 즐거워지며 효율도 높아진다. 단 공익성이 있는 직업이어야 더욱 보람되고 즐겁다.

미국 토크쇼의 여왕 오프라 윈프리가 에미상 수상 소감을 '아주 좋아요. 매일 제가 좋아서 하는 일에 대해 상까지 받는다는 것은 축복입니다.'라 하였다. 즐기기 위해 돈을 버는 것이 아니라 일을 즐기다 보면 돈은 따라오게 되어 있는 것이다.

<u>노력하면 일이 쉬워지고, 쉬워지면 즐거워지게 된다.</u>

그래서 자연의 이법이란 **착한** 사람과 **나쁜** 사람이 혼재되어 있고 **좋은 일과 불행한 일이 반복**되는 것이다. 다만 **조용히 노력하며 기다리면** 시간이라는 섭리가 결국 **평등**하게 해준다."

서두르지 말고, 억지로 하려고도 말며
또한 이것저것 따지지도 말고
다만 조용히 먼저 베풀고 또 꾸준히 노력하면
자연이 알아서 평등하게 되는 법이다.

(黙黙先施 自彊不息 自然平等)

제2장

우월한 힘:

프리미엄(Premium)

인생에는

우월한 힘(자연이익)이 존재한다.

이것이 세상이 불평등하게 보이는 이유이다.

그러나 패가 좋지 않게 들어와도

게임에서 이길 수 있는 것과 같이

노력에 의해 얼마든지 **인생반전**이 가능하다.

2-1. 우월한 힘(Premium 자연이익)

"네, 할아버지. 사실 할아버지 이야기를 계속 듣다보면 세상은 평등하면서도 불평등한 것이 많은 것 같은데 그 이유가 무엇이에요?" 대한이가 고개를 갸웃거리며 물었다.

"그렇지. 사실 많은 사람들이 원론적으로는 세상은 평등하다고 하면서도 실제에 있어서는 많은 불평등을 경험하지. 이렇게 불평등한 것은 자연은 **자연(할증)이익** 즉 프리미엄(premium)을 갖고 있고 이런 프리미엄이 우월한 힘으로 존재하기 때문이지."

"우월한 힘이요? 그것이 무엇이에요?" 대한이가 물었다.

"카지노에서의 게임을 생각해 보자. 대한이는 단순하게 카지노에서 돈을 따는 방법이 무엇이라 생각하지?"

"음…… 홀짝 게임에서 한 쪽으로 계속 걸어요. 그럼 평등 원리에 의해 따게 되겠죠?" 대한이가 한참 생각하다 대답했다.

"그럴 수도 있으나 뭉침의 원리에 의해 일부 잃을 수 있고 또한 대한이 생각처럼 평등의 원리가 적용하게 되면 사실 카지노 주인은 돈을 못 벌지. 그래서 홀짝 게임에서는 0 또는 00의 숫자가 있어서 이 경우에는 딜러(주인)가 이기게 되지. 이것이 바로 주인(host 자연)의 우월한 힘이지. 카지노의 모든 게임은 확률적으로 업주가 이기는 구조로 되어 있지. 그래야 카지노라는 사업을 계속할 수 있으니까. 반면에 손님의 경우에는 잭팟이라는 lucky(행운의 힘)가 작용하지만 확률적으로 매우 불가능한 수준이지.

주식 거래의 예를 들어보자. 주식이 계속 떨어지다가 어느 시점(극저점)에서는 반등을 하지. 그리고는 올라가는데 여기에는 극저점에 산 사람이 반드시 존재하지. 이것은 그 사람의 능력이라기보다는 거의 운에 가깝지. 사실 주식 값을 예측한다는 것은 인간의 능력 밖의 일이지. 그러나 극저점에 산 사람은 반드시 존재하지. 이것이 행운의 힘이지. 그러나 거의 대부분 개인들은 손해를 보지. 반면에 증권회사는 주식거래가 지속되는 한 이익을 보는 구조를 가지고 있지(물론 경영의 기술도 필요하지만). 이것이 바로 Host의 이익(우월한 힘)이야. 로또 1등 당첨도 역시 행운의 힘의 결과이지만 확률적으로는 거의 불가능한 수준이지. 반면에 로또를 파는 사람은 큰 확률의 이익구조로 되어 있지(로또 5등 당첨금이 산 가격과 같으나 당첨 확률은 45분의 1이 되지. 즉 사는 사람에게는 본전이 되는 확률이 파는 사람에게는 1/45의 확률로 되어 버리니 당연히 파는 사람에게 유리한 게임이지)."

"좀 더 자세히 설명해 주세요."

"평등이 자연에 대한 단조화(평형)의 변화를 말한다면 우월한 힘은 자연의 편조화(한쪽 방향으로의 진행)의 원동력이 되지.

1년 4계절의 날씨는 반복하여 진행한다. 즉 크게 본 단조화(compact)의 경우이다. 그런데 각각의 계절을 보면 겨울에서 봄과 여름으로 넘어갈 경우에는 상승의 편조화(bias)가, 여름에서 가을과 겨울로 넘어갈 시에는 하강의 편조화가 발생한다. 큰 틀에는 단조화이지만 부분별로 편조화가 발생되는 양상이지.

일생의 예로 유아기에는 성장으로 양(+)의 편조화, 청장년이 되면서는 단조화, 노년에는 음(-)의 편조화로 쇠락되는 것이다."

"그럼 편조화에 관련된 규칙도 있어요?"

"날씨를 일교차의 관점에서 보면 여름에서 가을로 넘어갈 때는 낮에는 덥지만 아침저녁으로 선선해진다. 즉 진행 방향(추워짐)으로 일교차의 최저점이 먼저 움직이는 것이다. 반대로 겨울에서 봄으로 넘어갈 경우에는 낮의 기온이 먼저 오르기 시작한다. 즉 편조화의 진행 방향 쪽으로 (일교차의)최고치(最高値)가 먼저 움직인다."

"또 다른 관련 법칙은 없나요?"

"예를 들어보면 2020년대 저금리에 의해 부동산이 급등하였을 시 집값 안정을 위해 수도권 주변에다 교통망을 건설하였는데 정작 서울 집값은 꿈쩍도 안하고 신설 교통 주변의 주택 값만 급등하고 덩달아 다시 서울도 오르게 되었다. 즉 편조화의 경우 우월한 힘(금리)을 잡지 못하고 재료만 남발하면 호재에는 민감하게 반응하고 악재에는 둔감하게 반응하는 것이다. 조직의 수장은 마치 호랑이 등에 올라탄 형국이지. 호랑이를 잘 부리면 크게 쓸모 있지만 잘 못 부리면 잡아먹히게 되지."

"정책이라는 것이 이런 것을 모르고 시행하면 큰 혼란을 야기할 수 있겠네요."

"그리고 양궁에서 날아가는 화살을 슬로우 비디오로 보면 뱀이 기어가는 것처럼 보이는데 그것은 화살 앞과 뒤의 속도 차에 의한 불균형적 형태이고 편조화는 이러한 사행(蛇行)의 형태를 띤다. 이러한 형태는 흔히 주식의 차트를 보면 모양이 아주 유사하지. 항상 세계는 전진 또는 후퇴만 하는 법은 없고 2진(進)1퇴(退) 또는 2퇴(退)1진(進)이 되며 이것이 사행원리의 형태이지."

"그럼 사람에게도 우월한 힘이 존재하나요?"

"인간에게 있어서의 우월한 힘은 욕망이다. 인간의 모든 행동은 욕망에서 비롯된다.

무릇 천하 만물은 이기적이고 그것이 존재하는 이유이다.

이기적인 것이 존재할 수 있는 원동력이다. 다만 이것을 얼마나 자제하느냐가 중요하다."

자연의 현실 조언(助言): 프리미엄(premium 자연이익)

Host(자연)은 premium(자연이익, 우월한 힘)을 갖는다.

2-2. 일의 협상

"평등이 중요하지만 반면에 또한 불평등의 우월한 힘이 있고, 그럼 실제로는 효율적 행위가 중요한 것 같은데 사회생활에 있어서 효율은 어떠한가요?" 대한이가 물었다.

"사회나 조직이란 두 사람 이상으로 구성되어 있는 집단으로서 사회적 진실이 통하는 세계가 되는데 작게는 부부관계, 부모와 자식관계 등이 있고 조금 더 나아가서는 학교생활, 직장생활 그리고 군중심리로써의 집단적 움직임에 기인된 것으로는 주식시장 등이 있다. 이러한 모든 것에 공통적으로 꼭 필요한 행위가 바로 협상이라는 것이다. (둘 이상의 사람으로 이루어진)사회생활을 하기 위해서는 필수적으로 협상이라는 기교가 필요하다.

그 이유는 혼자 있을 시는 인과적 진리가 타당하다고 느끼나 둘 이상일 경우에는 사회적 진실이 존재하게 되면서 사회적 딜레마가 생기게 되는 것이다. 두 사람 이상이 모일 때에는 항상 평등이 깨지게 되고 또한 인간이란 본연적으로 이익을 추구하는 동물이기 때문이다. 행위(유위 有爲)라는 것은 시차를 인정한 평등에 대한 것이라고 한 것과 같이 두 사람 이상일 때에는 서로의 이익 차이로 인한 절충행위가 필요하게 된다. 이것이 (광의의)협상이다.

협상이라는 것은 크게는 국가와 국가 간의 관계, 작게는 아버지와 자식 간의 관계 등 사람이 생활하는 전반에 미치게 된다. 부부끼리 외출할 때도 극장을 갈까, 식당을 갈까, 아니면 극장도 멜로물을 볼까 액션물을 볼까 이러한 모든 결정들도 결국은 두 사람의 협상에 의해 이루어진다. 또한 회사를 예를 들면 상사가 부하에게 업무지시를 내리는 것도 일종의 협상인 것이다. 인간이기 때문에 근본적으로 평등을 추구하게 되고 따라서 상사의 일방적인 지시란 있을 수 없게 된다. 그에 따른 상하간의 신뢰 등이 내재되어 있게 된다. 이러한 숨은 협상이 최적이 될 때 훌륭한 관리자가 되는 것이다. 즉 효율적인 협상을 이루어야 한다는 것이지."

"그럼 어떠한 협상이 과연 가장 올바른 협상일까요?"

"협상은 엄밀히 말해 전쟁이다. 전쟁이란 두 국가 간의 분쟁이지만 개인과 개인 간, 단체와 단체 간 모든 경우에 적용될 수 있기 때문에 협상은 광의의 전쟁이라고 말할 수 있다. 그러면 전쟁에 이기는 방법이 협상에 이기는 방법이 될 수 있다.

전쟁에 이길 수 있는 방법은 손자병법에서 가장 간단하고 명료하게 표현한 문장에 있다. '싸우지 않고 이기는 방법이 최선의 방법이다'인 것이다. 결국 전쟁에서 가장 최상의 방법은 전쟁을 하지 않고 (서로 만족하면서) 평화를 유지하는 것이다.

'최상의 협상이란 서로 간의 최적 조건을 찾는 차선의 방법인 것이다.' 즉 각자에 대한 best(최선)를 찾는 것이 아닌 better(차선)를 찾는 것이다."

"할아버지, 차선의 방법을 구체적으로 말해주세요."

"우선 그것을 이야기하기 전에 간단한 경험담을 이야기해 줄게. 할아버지가 젊어서 회사에서 일할 때 아랫사람에게 업무를 지시한 후 그 응답을 보면 거의 늦는 경우가 많은데 그 이유는 그 나름대로 최선을 다해 완벽하게 하기 위해 늦는 경우가 대부분이다. 그것은 사람은 일생을 살아가는 데 있어서 누구나 실패를 두려워하고 처음부터 잘 되기를 바라며 따라서 자기는 항상 최선을 다해 살아가고 있다고 생각한다. 그러나 최선, 가장 좋은 것을 처음부터 바라는 것은 일종의 욕심인 것이다. 항상 처음부터 최선이 될 수 없는 것이 그것이 만약 처음부터 최선이었다면 그 후 할 수 있는 것이 아무것도 없게 된다. 그리고 그 후 개선이라는 것도 없는 것이 된다. 그래서 먼저 차선을 선택하는 것이 최선을 향한 바른 길이지."

"네, 알았습니다."

"그럼 협상에 대해 다시 이야기하면 대한이는 협상에 실패하는 원인이 무엇이라고 생각하지?"

"글쎄요. 각자의 고집을 피우기 때문이 아닐까요?"

"응, 비슷하지. 협상에 성공하지 못하는 사람들은 대개가 흑백논리에 강한 사람들이다. 즉 이것은 협상에서 (A)가 아니면 (A의 부정)인 것이다. 제 3자의 논리개입이 안 되는 경우가 협상하기 가장 힘든 것이다. 곧 '너의 불행이 나의 행복'이라는 논법이다. 따라서 협상을 잘하는 사람은 흑백논리가 아닌 선택논리에 입각하여 진행하는 사람이다. 물고기를 낚기 위해서는 항상 먼저 주어야(미끼:-1) 한다. 공짜로 먹을 순 없다는 거야. 이것은 인생을 살아가는 데 있어서 어떠한 경우도 해당이 되지. 주식이라는 것도 자신과 주식시장과의 협상이지. 그것은 약간의 손해는 먼저 감수해야 한다는 것이지. 이를 협상의 언어로 표현하면 (다소간)양보를 하여야 한다는 것이다. 대한이는 양보를 영어로 무엇이라 하는 줄 알아?"

"yield입니다."

"그래. 그런데 yield에는 수율이라는 의미도 있지. 즉 수율(일종의 효율)이 높다는 것은 그만큼 서로 양보한다는 것이다. 이것은 협상 후에 한쪽이 100이면 다른 쪽은 0을 얻는 것이 아니고 양쪽이 서로 양보하여 70씩 얻는 것이다. 즉 차선인 것이다. 그런데 보통 협상을 하면 단일의제로 진행하기 때문에 여기에 얽매여서 흑백논리를 진행시키는 것이다. 그러나 실제로 진행하다 보면 꼭 단일의제에 국한하여 이야기가 진행되지는 않는 법이다

(실제 행하면 어렵게 보이는 것도 쉽게 할 수 있고 쉬운 것도 행하지 않으면 어렵게 보인다).

흑백논리에 강한 사람은 상대방과 이야기할 때 상대방이 '예' 또는 '아니요' 라고 대답하기를 원한다. 그러나 대화에 능한 사람은 상대방의 입에서 '아니요'라는 말이 나오지 않게 한다. 그렇게 하기 위해 스스로의 질문 유형을 미리 만들어서 이야기하는 것이다. 즉 내가 상대방의 수준에 맞추어 생각하여야 된다. 모든 사람은 자신의 이익이 나는 방향으로 행동하기 때문이다. 말이란 자신의 주장을 펼치기 위해서 필요한 것이 아니라 상대의 뜻을 정확히 파악하기 위해서 필요한 것이다.

우리나라에서 월드컵을 개최했을 때 4강 신화를 이루어 당시 외국인 감독의 관리방법이 크게 부각된 적이 있었다. 대한이는 이에 대해 어떻게 생각하니?"

"그야 서로 열심히 한 것 아니겠어요?"

"열심히 하는 것도 중요하지만 어떻게 관리하느냐가 더 중요하지. 그런데 이 외국인 감독의 방법이란 의외로 단순한 것이다. 이것도 감독과 선수 간의 일종의 협상이며 전쟁인 것이다. 그런데 이 감독은 자기의 가장 장점(팀의 선수 선발권)을 선수들의 가장 약점(팀의 선수 탈락)에 일치시키고 이를 중점 공격을 하였기 때문에 커다란 효과를 거둔 것이다. 협상이란 그런 것이다.

단일의제만으로 볼 때는 선택의 여지가 없어 보이지만 실제 협상을 진행하다 보면 나에게 덜 중요하면서 상대방에겐 중요한 것 또 나에겐 중요하면서 상대방에겐 덜 중요한 것이 반드시 존재하게 된다. 이런 서로의 강약을 보완하면서 협상을 하는 것, 이것이 바로 공승(共勝 win-win)의 전략인 것이다. 사람은 자기 중요성을 나타내고 싶어하고 그것이 충족되기를 바란다. 따라서 사람 말을 잘 경청하는 것만으로도 훌륭한 대인 사교술이 된다.

서로의 이야기 상대자는 사실 서로의 일에 대하여는 별로 관심이 없다. 자신의 치통이 아프리카 수십만의 대기근보다 더 중요한 법이다.

사람들은 누구나 각자에게 중요한 것이 있는 법이다. 다시 말해 나에게는 별로 하찮은 것일지라도 어떤 상대방에게는 매우 중요한 것이 있다. 이렇게 내게 중요하며 상대방에겐 크게 중요하지 않은 것, 내겐 중요하지 않으나 상대방에게는 정말로 중요한 것이 무엇인가를 알아내어 이를 교환하라. 내가 양보한 것처럼 상대방에게 보일 때 협상의 큰 걸음을 딛게 되는 것이다."

"그럼 자신에 대한 양보가 구체적으로 무엇이죠?"

"자신에 대한 양보라는 것은 자제(自制 Don't lose the temper)인 것이다. 항상 싸움이란 먼저 흥분하는 사람이 지게 되어 있다. 그것은 자제력을 잃기 때문에 합리적인 판단을 못하게 된다."

"그럼 타인으로부터 어떻게 하면 양보를 얻어낼 수 있죠?" 대한이가 흥미로운 듯 계속 질문하였다.

"타인으로부터의 차선을 얻어낼 수 있는 것은 신뢰에 기인된 것이다. 즉 타인의 마음을 움직여야 하며 이것은 본인의 크나큰 신뢰를 계속 보여주어야 하는 것이다. 상대방의 마음을 움직일 수 있으면 벌써 협상의 절반은 성공한 것이다.

타인의 신뢰를 얻기 위한 가장 중요한 것이 (타인에 관한)정보이다. 이 정보의 최대한의 활용이 상대로부터 신뢰를 얻을 수 있다. 자기의 정보와 타인의 정보를 정확하고 많이 알수록 협상은 잘 이루어질 수 있는 것이다. 결국 협상을 포함한 모든 대인관계에 있어서 가장 중요한 것은 '상대방의 마음을 움직일 수 있어야 한다.'는 것이다.

"그러면 협상에 대해 학문적으로 연구된 것은 없나요?"

"있지. 우리가 이렇게 어떤 일을 결정할 때 어떤 방법이 좋은 가를 결정하게 되는데 그 중 논리적인 결정 방법의 하나로 게임 이론이라는 것이 있다. 그런데 게임이론에서의 최적의 결정사항이 현실에서의 최선의 방법이 아니다. 즉 현실적 최선의 방법과 게임이론의 최적의 방법은 다르며 이것은 차선이 중요하다는 또 하나의 반증이다. 게임이론에 있어서 mini-max이론이 있는데 이것은

'최악(-)의 경우에 대해 최선(+)을 다하라'(-1+1 실행 조언)는 것을 수학적으로 전개시킨 것이다. 즉 처음부터 최선이 아닌 최악의 경우에 대한 최선인 것이다. 이를 보다 이론화한 것으로 게임이론에 대한 대표적인 예가 바로 '두 명의 범죄자에 대한 자백 (PD : Prisoner's Dilemma)'의 예인 것이다. 이것은 일반적으로 소개가 많이 나와 있으니 우리는 mini-max에 대한 것으로 가위바위게임을 해보자."

"아니 가위바위**보**게임 아니에요?"

"아니, 여기서는 가위와 바위만 사용한단다. 편리를 위하여 할아버지를 A, 대한이를 B라 하고 규칙을 이야기하면

1. A가 가위를 B가 가위를 내면 B가 A에게 5만 원 준다.
2. A가 바위를 B가 바위를 내면 A가 B에게 5만 원 준다.
3. A가 가위를 B가 바위를 내면 B가 A에게 3만 원 준다.
4. A가 바위를 B가 가위를 내면 A가 B에게 3만 원 준다.
자, 시작할까? 가위 바위!!!"

"네. 가위 바위!!" 대한이가 씩씩하게 손을 내밀었다.
몇 차례 계속한 결과는 아래와 같다.

A 바위	A 가위	A 바위	A 가위	A 가위	A 가위
B 가위	B 바위	B 바위	B 가위	B 바위	B 바위
B+3	A+3	B+5	A+5	A+3	A+3

"어, 왠지 이상하네요. 속은 것 같은데요." 대한이가 고개를 갸우뚱거렸다.

"하하, 이상해? 그럼 위의 규칙을 우리가 도표로 한번 정리하여 보자. 도표에서 A는 나쁜 경우(mini)가 가위를 냈을 때는 +3(+5와 +3을 비교 시)이 되고, 바위를 냈을 때는 -5(-3과 -5를 비교 시)가 된다. 여기서 +3과 -5에 대한 좋은 경우(max)는 +3이 된다. B는 나쁜 경우(mini)가 가위를 냈을 때는 -5(-5와 +3을 비교 시), 바위를 냈을 때는 -3(-3과 +5를 비교 시)이 된다. 여기서 -5와 -3에 대한 좋은 경우(max)는 -3이 된다. 즉 mini-max이론에 의거 산출된 값은 3(균형값)으로서 A는 최소 3만 원을 얻고 B는 3만 원을 잃게 된다. 그 이유는 규칙을 잘 보면 알 수가 있지."

A기대값	B가위	B바위
A가위	+5	+3
A바위	-3	-5

B기대값	B가위	B바위
A가위	-5	-3
A바위	+3	+5

"재미있네요. 그런데 논리가 들어가니 약간 골치가 아프네요. 다른 재미있는 역사적 이야기는 없나요?"

"몇 가지 있지. 옛날 영국 중세 엘리자베스여왕이 즉위할 당시 영국은 여러 가지 심각한 난국에 처해 있었다. 그 중 하나가 교회에서 여왕이 어떤 역할을 가지고 있는가 하는 문제로서 이것은 특히 교회에 대한 왕의 지배권의 문제인 것이다. 즉 영국 국왕이 영국 교회의 수반이 될 수 있느냐 하는 것으로 여왕의 경우에는 문제가 더욱 난감하다(헨리 8세-엘리자베스 1세 아버지-가 만든 영국 국교회를 공식 채택하였기 때문에 국왕이 곧 교회의 수반이 되어야 한다). 이 문제에 대하여 엘리자베스는 전문가들과 상의하여 '교회의 최고수장'(Head)이라는 문구를 없애고 대신 '교회의 최고통치자'(Government)라는 문구를 도입함으로써 의회에서 통과될 수 있었고 결국 교황권이 폐지되고 교회에 대한 왕권의 지배가 공식화되었다."

"정말 협상이란 사회생활에서 중요한 기술이네요."

"이러한 협상의 완결은 계약인 것이다. 계약이란 권리와 의무를 주고받는 행위이다. 그래서 계약의 이행에는 믿음(신뢰)이 중요하다. 인간이 타인과 교류하는 많은 행위는 거의 협상과 계약으로 이루어지기 때문이다.

할아버지가 젊어서 회사에 재직 중 배운 가장 유익한 교육이 카운슬링 기법이었지. 카운슬링 기법은 간단하다. 그러나 실제 적용하기는 쉽지 않다. 카운슬링 기법의 요체는 의뢰자의 문제에 대하여 카운슬러가 해답을 주지 않는 데 있다. 카운슬러는 단지 의뢰자가 스스로 해답을 찾게 하는 데 있다. 상담 의뢰자와 마주앉아 상담을 할 시 카운슬러는 아무 이야기를 하지 않고 오직 의뢰자의 이야기만 열심히 들어준다. 그러면서 가끔 약간씩 상대방의 의견에 동감을 하는 이야기를 하는 것이다. 그러면 나중에는 상담자 스스로 마음이 정리가 되어 자기가 판단 결정을 하는 것이다.

즉 카운슬러가 해답을 주는 것이 아니다. 단지 카운슬러는 상담자와의 신뢰를 이룸으로써 자기의 하소연을 들어주는 믿을 만한 사람이 되는 것이다. 이렇듯 신뢰가 모든 대인관계에 가장 중요한 역할을 하는 것이다. 이 기법은 사람이 살아가는 많은 경우에 적용이 되는데 특히 교육, 협상 등에 아주 중요하게 적용이 된다.

이 모든 것의 근간에는 전장에 이야기한 사회법칙으로 '**타인을 인정**'해 주는 것이 협상과 계약의 가장 중요한 시발점이라는 것을 명심해야 할 것이다. 탈무드에 보면 '사람이 죽어서 저세상에서 심판을 받을 때 제일 먼저 받는 질문이 너는 거래에 있어서 정직했느냐(계약을 잘 지켰느냐)?'는 것이라 한다. 이렇게 타인과의 약속을 잘 지킨다는 것은 중요한 것이다.

세상은 얼마든지 나누어 가질 수 있다. 이것이 제2인자의 지혜인 것이다. 그러지 못하는 이유는 바로 죽이지 않으면 죽는 흑백논리에 사로잡혔기 때문이다. 중국 진나라 말기 초한전시대에 한나라가 결국 통일하였는데, 한고조 유방의 부하 중에 소하라는 장수는 2인자로서의 역할을 충실히 수행하여 재상으로 남은 생을 잘 살았으나 한신은 우유부단하게 행동하다 결국 유방과의 흑백논리에 의해 죽음을 당하게 된 것이다."

"네, 잘 알았습니다."

"사는 것 자체가 일종의 전쟁이라고 했는데 전쟁에 이기려면 무력으로 이기든지 협상을 통해 타협점을 찾아야 한다고 했다. 그런데 한 가지 방법이 더 남아 있는데 이것은 적을 친구로 만드는 것이다. 적을 친구로 만드는 사람이 가장 지혜로운 사람인데 과연 그 방법은 무엇일까? 그것은 협상은 물질적 양보를 통해 이루어질 수 있다면 친구를 만드는 방법은 **자존심을 양보**(-1)하는 것이다. 많은 경우가 물질적 득실(得失)보다 자존심 때문에 원활치 못한 경우가 많다.

'부자는 속이되 모욕은 주지 말라(마피아 격언).'는 말이 있다. 사람이란 물질적 손실보다 자존심의 훼손에 더 큰 상처를 받기 때문이다. 적과의 전쟁은 명분(진실)의 싸움인 것이다. 자신이 먼저 진실 된 명분을 보이면 적도 진실 되게 나오는 법이다.

인생에 있어서 친구는 수십 명도 적은 편이지만 적은 적당한 사람 1명 정도면 충분하다. 적이 한 명도 없으면 자연스레 적이 생기게 된다. 사람이란 이해관계가 없어도 언제 적군으로 변할지 모르기 때문이다. 옛날 그리스에 아리스티데스라는 유명한 사람이 있었는데 무슨 일이 있어 패각추방(도편추방-고대 그리스에 문제 인물을 국외로 추방하기 위해 행해지는 시민들의 투표)에 걸리게 되었을 때 글자를 모르는 한 시민이 지나가는 아리스티데스를 보고 (국외 추방에 대한)찬성을 위해 도편에다 이름을 써달라고 했다. 그래서 아리스티데스는 찬성(추방)에 대한 이유를 묻자 '어디로 가거나 그 사람(아리스티데스)이 옳은 사람이라고 말하는 것이 이상해서'라고 이유를 대었다(이때 아리스티데스는 도편에 글을 써주었다).

이렇게 적이란 아무 이유 없이도 생기는 법이다(아무 이유 없이 미운 사람). 그래서 잘난 사람에게는 안티(anti 반대편)가 생기는 법이다. 한 잘생긴 TV배우가 계속 인기를 못 얻다가 어느 날 코믹연기를 하니 갑자기 인기를 얻게 된 경우가 있다. 또한 영국의 한 정치인이 연설을 하였는데 자기 딴에는 상당히 잘했다고 자부하며 단상에서 내려와 그 당시 수상인 처칠에게 자기의 연설이 어떠냐고 물었더니 처칠이 대답하기를 '다음부터는 말을 좀 더듬거리게'라고 하였다. 그래서
큰 지혜를 가진 사람은 바보처럼 보인다(大智如愚) 했다.

또한 자기가 속한 집단 내의 가장 밑의 사람도 무시하지 말아야 한다. 집단 내의 어느 누구도 누군가에게는 영향을 미칠 수 있고 그것이 결국은 나에게 영향을 미치게 된다. 세상 모든 것은 서로 연결되어 있기 때문이다(미타쿠에 오야신-인디언 격언). 풀 한 포기, 나무 한 그루도 어느 것 하나 독단적으로 존재하지 않기 때문이다. 그러므로 **보이지 않는 곳에서 남을 비방하지 말라.** 그것이 언젠가 너에게로 다시 돌아와 너의 강력한 적이 될 수 있기 때문이다."

"네, 명심하겠습니다."

"필요는 모든 법칙에 우선하는 법이다. 상대방에게 나의 필요를 보이지 말고 상대방의 필요에 대해서는 즉각 대응해 주어라.

그것이 결국은 자신을 위하는 길이다. 그러기 위해서는 내 자신은 되도록 말을 아끼고 상대방에게는 계속 말하게 하라. 침묵할 줄 아는 자만이 진정한 행동주의자인 것이다. 상대방의 필요가 주(主)가 되고 나의 필요가 부(副)가 될 때 결국 나에게 이익이 된다. 이것이 (-1)의 지혜인 것이다.

진정한 대인관계는 항상 최소한 **상대방의 자존심을 지켜주는 것**이다. 그것이 상대방의 존재를 인정해 주는 것이 된다. 예를 들어 보면 심부름을 갈 일이 있을 때 민국이를 시키면 민국이는 화를 내는데 그것은 심부름 가기가 싫어서가 아니고 자신이 막내이니 막 시켜도 된다는 것이 싫어서 가지 않으려고 할 것이야. 맞지?"

"네, 저도 가족의 일원으로 인정받길 원하죠."

"모든 것은 양면성을 가지고 있다. 한 쪽에서 보면 장점도 다른 면에서 보면 단점이 된다. 행위의 옳고 그름을 떠나서 어떤 사람이 내가 싫어하는 상황(성격, 물건……)을 가지고 있으면 그 사람의 모든 행위에 대해 나쁜 쪽으로 해석하게 되지. 예를 들면 내가 개를 싫어하는데 길에서 개와 같이 산책 나온 사람을 보면 괜히 그 사람이 싫어지게 되는 것이다. 이것이 성냄의 원인인 것이다.

그래서 진정한 대인(對人)기술이란

1. 상대방의 자존심을 지켜주어라(남의 탓을 하지 마라).

2. 상대방의 수준과 상황에 맞추어 행동과 말을 하라.

3. 상대를 설득해야 할 경우에는 상대방에 대하여 내가 우위 (지위, 돈, 신뢰 등에 있어서)에 있을 경우에만 한다."

2-3. 일의 목적 - 목적에의 오류

"할아버지, 우리 회사 생산과장님은 이상해요. 고객으로부터 불량품 통보를 받고도 계속 생산만 독촉해요." 회사에서 품질부서에 근무하는 대한이가 불만을 이야기했다.

"그래? 그럴 수 있지. 할아버지가 젊었을 때 회사 다닌 것을 경험으로 회사에 대한 이야기를 해주지. 일반적으로 회사의 궁극적인 목적은 이익 창출이다. 그러면 회사 내의 모든 조직은 이이익창출이라는 목적에 부합되게 각 부분들이 일을 하여야 한다. 그래서 생산부는 생산량을 늘리고 영업부는 수주 물량을 늘려야 한다. 이러한 활동은 회사의 목적에 부합한 것이다. 그런데 생산품이 고객에 가서 불합격 판정을 받아 품질문제가 생긴 경우에도 의외로 방금 대한이가 경험한 것처럼 생산부장은 품질보다는 생산량 증가에 더 신경을 쓰는 경우가 가끔 발생한다.

그 이유는 한마디로 이야기하면 생산부장의 업적은 생산량에 비례하기 때문이지. 즉 생산부장은 자기 부서의 목적에는 부합되지만 전체 회사의 목적에 역행하는 이른바 '목적에의 오류'를 범하게 된 것이다. 사실 '목적에의 오류'는 어쩌면 너무 당연한 이야기 같아 보이지만 이러한 오류를 범하는 경우가 너무 많이 발생한다."

"목적에의 오류라는 말이 잘 이해가 안 가네요." 대한이가 고개를 갸우뚱했다.

"예를 하나 들어보자. 전쟁터에서 세 차례나 도망친 사람을 붙잡아 까닭을 물어보니 '늙은 부모 봉양할 사람이 없어서'라고 대답했다. 이에 이 사람을 효자라 천거하여 벼슬자리에 앉게 했다. 그랬더니 많은 병사들이 전쟁터에서 도망을 쳤다. 이 예가 바로 목적에의 오류인 것이다. 이 사람을 벼슬자리에 앉게 한 것은 모든 사람이 효에 힘쓰라고 한 것이 목적이었는데 결과는 나라에 불충을 하게 만들었던 것이다.

또 다른 예를 들어보면 옛날 중국을 최초로 통일한 진시황이 중국을 통일하기 전에 그의 모후가 부정을 저질러서 궁에 감금을 한 적이 있다. 이에 그것은 불효라고 간하다가 죽은 그의 신하가 27명에 이르렀다.

그런데 모초라는 한 평민이 진왕[진시황]에게 나아가 부당함을 간하였는데, 모초가 간한 내용인즉슨 불효가 불효로 끝나는 것이 아니라 이에 천하 인심이 등을 돌리고 따라서 천하통일의 대업을 이루지 못한다는 것을 설명하였다. 그 말을 들은 진왕은 바로 모후를 풀어주고 이 평민을 상좌로 모시며 하는 말이 '지난 날 과인에게 간한 자들은 전부 단지 과인의 잘못된 것만을 이야기하였지 이에 따라 일어날 수 있는 국가의 존망에 대하여는 아무도 가르쳐주지 않았소.'라고 이야기했다. 이것은 죽은 27명의 신하는 그들이 진왕에게 간한 목적은 진왕의 한일이 부당함에 대한 사후 일어날 일까지를 알려 주어야 진정 진왕이 자기 잘못을 깨달을 텐데 그들은 단지 부당함만을 알려 목적하려는 바를 이루지 못한 것이다. 즉 목적에의 오류를 범했기 때문인 것이다.

우리가 자주 경험했듯이 체증이 심한 도로를 확장하고 나면 이상하게 그곳이 더 심하게 체증이 발생되는 경우가 있다. 이것은 세부적 계획(도로 확장)이 결과적인 목적(교통의 원활한 흐름)에 부합되지 못한 오류를 범했기 때문이다. 전반적인 통행량에 대한 거시적인 예상을 하여 진행해야 결과적으로 좋게 된다.

이러한 거시적인 예상을 약간 전문적인 용어로 프로그래밍 한다고 한다. 즉 어떤 프로젝트 내지는 업무가 주어졌을 때는 일단 그 일에 대해 전반적인 프로그래밍을 하여야 그것의 궁극적인 목적에 부합할 수 있는 것이다. 그런데 안타깝게도 우리 주변에 실제로 이러한 프로그래밍을 제대로 하지 못한 예를 얼마든지 찾아볼 수 있다. 교육 정책이라든지 의료 정책이라든지 건설 정책 등이 그것이다. 사실 이러한 정책들은 미리 프로그래밍 하여 이 정책이 시행되었을 시의 여러 반응 및 행동을 미리 분석하여 정책에 반영시켜야 하는 것이다. 경영기법의 하나인 '시장조사'도 이런 프로그래밍 하는 과정의 하나인 것이다. 이것에 대한 대표적인 오류로 2020년의 부동산 정책을 들 수 있다. 부동산 정책 전반에 대해 프로그래밍을 하지 않고 단순한 결과만을 예상하고 정책을 시행하여 부동산 시장의 큰 혼란을 야기했던 것이다.

나라 간의 전쟁이나 회사 간의 경쟁에서 전략과 전술이 중요한 이유는 그 궁극적인 목적에 합당하도록 정했기 때문이다. 그래서 이를 OST 즉 목적Objective, 전략Strategy, 전술Tactics 순으로 작성되어야 한다. 삼국지의 적벽대전에서 제갈량은

-목표(O)가 형주성 탈취(간단명료하다),

-전략(S)은 화공(火攻),

-전술은 연환계/반간계/고육계. 결국 형주성을 탈취했다."

"그럼 할아버지, 목적에의 오류가 발생되는 이유가 무엇이죠?"

"우리가 접하기 쉬운 세상은 국부적 불균형이 지배하는 세상이다. 그러다 보니 사람들은 현재 보이는 현상에 대해서만 생각하는 경향이 크다. 즉 평등이 도달되는 시간 등을 고려한 전체적인 것을 보지 못하는 관계로 여러 가지 오류를 범하게 된다.

그래서 사람들은 상식 수준에서 크게 보면 이해되는 것들도 작은 부분에 얽매여서 오류를 범하는 경우가 있다. 즉 전체적으로 볼 때 설정된 목적에 대하여 실제 세분화된 업무에 들어가면 그 일 자체만 보았을 때에 타당하다고 생각되며 이에 연연하여 전체적으로 가고자 하는 목적 및 방향과 어긋나는 경우가 많이

있다.

이런 목적의 오류가 생기게 된 또 다른 이유는 무엇일까? 그것은 바로 모든 목적의 설정이 그 대상의 수준에 맞게 설정되어 있지 못하기 때문이다. 위의 예에서도 사람의 충(忠)이 성숙되지 못한 수준을 알지 못하고 처리한 예라고 할 수 있다. 전쟁터에서 도망친 병사의 경우는 도망친 사람은 벌을 주고 부양할 자식이 군대 간 늙은 부모는 국가가 보조해 주어야 하는 것이다.

다른 예로 영국 여왕 엘리자베스가 열여섯 살 무렵 뜬소문에 휩싸였다. 중상과 비방으로 가득 차 있던 그 시절 시모어 경(당시 권력자)은 이런 유언비어를 날조하고 유포하고 벌을 주겠다고 약속을 하고 그런 자의 이름을 알려달라고 했다. 여기서 엘리자베스는 이름을 알려주지 않고 다음과 같이 답장을 썼다. '이름을 말하는 것은 결국 제 이름만 더럽히는 꼴이 되고 처벌하게 되면 사람들에게 원망만 듣게 됩니다. 그래서 이런 자들에게 말조심시키고 그 소문이 거짓이라고 밝히는 포고문을 전국에 발표해 주시길 바랍니다.'라고 하였다. 이것이 시행된 후 엘리자베스에 대한 소문은 사라졌다 한다. 만약 엘리자베스가 이 중상자를 잡아 처벌하라고 부탁을 했으면 결과적으로 엘리자베스는 권세를 업고 행동한 모양이 되어 더욱 안 좋게 되었을 것이다."

"목적에의 오류가 생각보다 중요하네요." 대한이가 고개를 끄덕이며 말했다.

"그렇지. 처음 말한 것처럼 회사 내에서 일어나는 일에서도 많은 예를 찾아볼 수 있지."

"예를 들어 주세요."

"자동차 영업사원이 있었다. 그는 논쟁하기를 대단히 좋아했다. 그래서 그는 판매할 때에도 항상 손님과 시비가 붙거나 싸움을 하였다. 그가 고객의 사무실을 나올 때에 '내가 역시 싸움에 이겼구나.'라고 중얼거린다. 그러나 차는 한 대도 팔지 못했다. 이것이야말로 자동차 영업사원의 목적(판매)에의 오류(논쟁)인 것이다.

또 다른 예로 우리가 일반 소매점에 물건을 사러 들어가 보면 유난히 따라 붙어 상품에 대한 설명 내지는 관심을 표명하는 종업원이 있다. 사실 본인은 친절한 마음에서 행하였지만 손님은 마음에 부담이 가서 제대로 구경도 못하고 가게를 나오게 된다. 즉 종업원의 목적은 친절이라기보다(이것은 수단) *물건을 파는* 것이다. 따라서 들어온 손님에 대해 어떠한 행위가 손님이 편안히 구경하고 결국은 구매할 수 있게 하느냐 하는 것이다. 즉 목표에 적합한 행위를 취해야 한다. 가게 안은 면적이 일정하기 때문에 이를 공간으로 구분하면 상품 공간, 점원 공간, 손님 공간 등 3개로 나눌 수 있는데 상품 공간은 설치 시 확보된 일정한 크기이므로 나머지 점원 공간+손님 공간=일정이 되고 따라서 손님 공간을 넓히려면 종업원이 자기공간을 적게 가져가야 한다는 것이다."

"맞아요. 물건 사러 가면 유난히 설명을 장황하게 하는 점원이 있어요." 대한이가 맞장구를 쳤다.

"한 가지 재미있는 이야기를 해주지. 전쟁에서 '피로스의 승리'라는 것이 있다. 피로스는 그리스 에페이로스의 왕으로서 한니발도 격찬한 위대한 전략가였다.

이러한 피로스왕은 로마와 싸울 때마다 '승리'를 하였다. 그런데 매번 승리를 한 반면에 자신의 병력수가 계속 감소되어 결국에 가서는 패망하게 되었다. 즉 전쟁의 최후목적은 일회성 승리가 아니라 온전한 아군에 대한 적국의 패망이어야 하는 것이다.

이에 대비되는 이야기로 목적에 부합되는 전략을 구사한 장군으로 베트남의 전쟁영웅 '보 구엔 지압'(武元甲 Vo Nguyen Giap)을 들 수 있다. 그의 3불 전략은 유명하다.

'적이 원하는 시간에 싸우지 않고

적이 좋아하는 장소에서 싸우지 않고

적이 생각하는 방법으로 싸우지 않는다.'이다."

"네, 잘 알았습니다."

"목적에의 오류에 있어서 목적이라는 것은 '궁극적인 이익'인 것이다. 물론 정당한 이익이며 효율이 극대화된 것을 의미한다. 그러기 위해서는 **큰 지혜는 여유 있고 한가로우나 작은 지혜는 사소하게 따진다**고 했으므로 크고 길게 보아야 한다는 것이다."

"네, 잘 알았습니다. 그런데 이런 것들을 위해 학문적인 연구된 것들은 없나요?"

"이런 최종 목적을 달성하기 위한 효율적인 행동으로써 중국의 이종오(李宗吾)라는 학자는 후흑(厚黑)을 주장하였는데, 이는 과거 중국 영웅들의 행동을 분석하고 종합한 후에 내린 결론으로서 한 마디로 표현하면 후흑이란 면후심흑(面厚心黑-얼굴은 두껍고 마음은 검은, 즉 자기의 속내를 안 내비치고 모사를 도모하는 것)으로 결국은 목적 달성을 위한 행동지침이라 할 수 있다. 이목적 달성은 단지 목적 달성만을 위한 자기중심적이라는 의미는 아니다. 이는 시행을 위한 '효율 극대화'의 의미인 것이다. 따라서 이종오도 후흑을 사리(私利)에 이용하면 사기꾼이 되고 공리(公利)에 이용하면 영웅이 된다고 했다. 진시황이나 유방 등이 여러 사람을 죽였지만 중국을 통일함으로써 결과적으로(목적) 그동안 전란에 시달린 모든 백성을 구제한 것이다.

병법의 대가인 손자병법에서 전쟁이란 결국 하지 않는 것이 최상이며 만약 할 경우의 병법의 요체는 궤(詭-속임수)라 하였다. 이것은 나쁘게 보면 속임수(적국)라 하지만 좋게 보면 영리하고 뛰어나다고 할 수 있다(자국). 과거 제갈공명이나 손자 또는 오자가 후세에 평가받기를 지략가로 훌륭하다 하지 자국의 이익만을 도모한 사기꾼이라고 하지는 않는 것처럼 말이다.

이는 법의 시행과 같아서 1백 명을 죽여서 1만 명을 살리는 것이다. 이것은 '백 명을 죽여 천 명을 살릴 수 있다면 **활 만드는 사람이 갑옷 만드는 사람보다 어질지 않다고 어찌 말할 수 있겠느냐**'는 것이다. 부처께서도 만인을 살리기 위한 살인은 살인이 아니라 하셨다. 이는 자연의 실행조언 '주를 길게 하고 부를 짧게 하라.'는 것으로써 마키아벨리의 '가해(악행)는 단번에 선행은 길게 천천히 하라.'를 생각나게 한다. 마키아벨리도 결국 후흑을 주장한 사람이 되지(여우의 지혜와 사자의 힘).

후흑(厚黑)의 예로 우화(장자莊子)를 소개해 보자. 옛날에 한 임금이 닭 키우는 사람에게 싸움닭을 기르라 하였다. 열흘 후에 임금이 이제 싸울만한가 하고 묻자 그는 대답하기를 '아직 멀었습니다. 제 기운만 믿고 되지 못하게 사납습니다.' 하였다. 다시 열흘 후 묻자 '다른 닭을 보면 곧 눈을 흘기고 기운을 뽐내고 있는 것이 아직 안 되었습니다.' 또 열흘 후 묻자 '이제 거의 되었습니다. 다른 닭이 소리쳐도 아무렇지도 않아서 마치 나무로 만든 닭과 같습니다.'라 했다. 즉 마음가짐이 후흑에 가까워졌다는 것이다.

사람의 외부는 나무와 같고(외세에 흔들림 없고) 마음은 식은 재(灰)와 같아야 한다고 했다. 그래야 싸움에서 일희일비(一喜一悲)하지 않게 되고 먼 곳을 바라볼 수 있게 되어 결국에는 바라는 목적(승리)에 도달할 수 있게 되는 것이다.

그래서 **말이란 것은** 목적이 자신의 주장을 펼치기 위한 것이라기보다는 **상대의 뜻을 정확히 파악하기 위한 것**이다. 대개의 경우 먼저 말한 사람이 지게 되어 있다. 말이라는 것은 일종의

스트레스 발산이다. 상대방을 실컷 말하게 한 연후에 이야기를 시작하면 좋은 결과를 얻을 수 있다. 이를 모르는 사람들이 흔히 목소리가 큰 사람들인 것이지.

또한 남에게 이야기(충고)할 때 비록 진실이더라도 이익이 되지 않으면 남에게 불쾌한 말을 하지 않아야 한다. 진실하고 이익이 되면 적당한 때를 보아서 남에게 불쾌한 말도 한다는 것이다.

목적에의 오류에 대한 예로 우화(불경)를 소개하여 보자. 한 수행자가 명상하다가 '세상만물은 영원히 존재하는 것인가? 죽음 후는 어떠한 것인가? 세상은 어떻게 창조되었나? 나는 어디서 왔다가 어디로 가는가?'에 대해 부처님을 찾아가 이에 대한 답을 요구하였다. 이에 부처께서 그 질문은 어리석은 것으로써 마치 어떤 사람이 길을 가다가 누군가에 의해 몰래 쏜 독화살에 맞아 의원 앞으로 실려 갔다. 그런데 독화살을 맞은 사람은 화살을 뽑을 생각은 하지 않고, 활을 쏜 사람이 누구고 그 활의 재료는 무엇이며 등등을 알기 전에 절대 치료를 하지 않겠다고 하는 것과 같다고 말하셨다. 독화살을 맞은 사람은 그런 사실들을 다 알기 전에 반드시 죽어버리듯이 수행자 역시 그런 생각만을 하다가는 아무것도 깨닫지 못하고 죽게 될 것이라고 경고를 한 것이다. 이렇듯 사람들은 아직 일어나지도 않은 미래에 대한 쓸데없는 걱정으로 스스로 고통 받고 있는 것이다. 즉

'생각할 것과 생각하지 않을 것을 알지 못하고,
따라서 생각해서 아니 될 것은 생각하고,
생각할 것은 생각하지 않는다.'는 이야기인 것이다."

"네, 잘 알았습니다." 대한이가 씩씩하게 대답하였다.

2-4. 일의 관리 - 조직의 장(長)

"할아버지, 한 집단이나 조직에 장(長)이 되려면 어떻게 해야 하며 어떤 능력을 개발해야 하나요?" 회사생활에 재미가 붙은 대한이가 얼른 진급하고 싶은가 보다.

"그래, 우리 대한이도 얼른 과장이 되고 싶나 보지. 그러나 한 조직의 장이란 그렇게 쉬운 자리가 아니지. 자리가 높아질수록 그만한 책임이 뒤따라야 하니까."

"그래도 이야기해 주세요." 대한이가 졸랐다.

"그럼 우선 조직의 장(長)에 대해 이야기해 보자. 사람이 태어나면 작게는 가정이라는 집단, 크게는 국가라는 집단의 구성원으로서 생활하게 된다. 따라서 개개인의 행복을 결정짓는 것은 가정과 국가의 수장이 자기 집단에 대하여 얼마나 평등과 효율을 잘 이루었느냐에 달려 있다.

특히 국가의 경영은 국민의 삶에 직접적인 영향을 미친다. 중국 고대 춘추전국시대 이야기를 기술한 열국지, 과거 우리 고대 전쟁사, 서양 로마의 전쟁사를 보면 TOP의 결정이 얼마나 중요한가를 잘 알 수 있다. 장수의 잘못된 결정 하나가 수십만 명의 목숨을 잃어버리게 한다. 한 가정에는 가장, 회사에는 사장, 국가에는 대통령 등 한 사회집단의 장(長)의 책임은 진실로 막중한 것이다. 그래서 지혜로운 우두머리가 필요한 것이다.

진실로 조직의 장(長)이 되는 것을 무서워해야 한다."

"정말 쉽지 않은 자리네요."

"그래서 역사적인 예를 들어보면 중국 역사상 가장 위대한 황제 중의 하나라는 당나라 태종이 그의 신하 중 한 사람인 위징이라는 사람의 충언을 듣고 상당히 마음이 상해 있는데, 그 부인이

'그 신하는 당신은 충분히 이해할 군주라 생각했기 때문에 그런 이야기를 한 것입니다.'라고 하였다 한다. 그 말을 들은 당 태종은 추후 신하의 말을 경청하였다 한다. 이렇게 임금의 자리는 쉽지 않고 또한 신하가 군주에게 진언하는 것도 자기 목숨을 내놓고 하는 경우가 많다. 그래서 한비자는 그의 저서 내용 중 세난(說難-말하기 힘듦)편을 지어 그 힘듦을 이야기했지."

"네, 잘 알았습니다. 그러나 힘들어도 열심히 해 올라가야죠." 대한이가 다시 힘차게 이야기했다.

"암 그래야지."

"그러니 조직의 장(長)에 대한 구비 덕목이 특별히 무엇인지 자세히 이야기해 주세요." 대한이가 물었다.

"그래, 천천히 자세히 이야기해 주마. 우선 인적 자원인 사람을 분류하면 4가지로 나눌 수 있는데

1. 똑똑하고 부지런한 사람   2. 똑똑하고 게으른 사람
3. 미련하고 부지런한 사람   4. 미련하고 게으른 사람
일의 업무에 대해서도 4가지로 구별할 수 있는데

A. 중요하고 급한 것   B. 중요하고 급하지 않은 것
C. 사소하고 급한 것   D. 사소하고 급하지 않은 것
위의 사람과 일을 대비시켜 보면

팀장	똑똑하고 게으른 사람	중요하나 덜급함	책임감
팀원	똑똑하고 부지런한 사람	중요하고 급함	성실

즉 팀장은 아랫사람에게 위임(delegation)을 해야 하므로 똑똑하나 게으른 사람이어야 하고 또 급하진 않으나 중요한 항목에 대해서는 장기계획을 세우고 숲을 볼 줄 아는 사람이어야 한다. 흔히 팀장의 자리에 올라가서 범하기 쉬운 것이 스스로 열심히 일을 해야 밑의 사람이 인정해 주고 자신도 만족해하는 것으로 착각한다. 그러나 윗사람이 부지런하면 아랫사람은 자연히 게으

르게 된다. 즉 시키는 일만 하게 되는 것이다."

"맞아요. 우리 부서의 부장님이 그래요. 너무 일일이 간섭을 하셔서 우리들 사이에서는 별명이 대리예요."

"그래서 **사병은 강한 전투력**을, **장군**은 이들의 **효율적 운용**으로 낭비(waste) 없이 전투력을 집중시킬 수 있어야 하는 거야. 그래서 조직에서 가장 중요한 것은 파벌 금지(힘의 분산 원인)이다. 또한 실행조언 질서를 보면 주(主 팀장)는 조용(靜)하고 부(副 팀원)는 움직여(動)야 한다고 했지. 팀장은 존재 자체만으로도 일을 하는 것이다. 즉 세(勢) 자체가 충분히 일을 하는 것이 된다. 그러니 아랫사람을 부지런하게 만들어야 한다는 것이다. 요순시대 임금이 그리 하였다. 그 당시에 백성들은 자신의 임금이 누구인지 몰랐다. 즉 팀장은 위임과 세(勢)로써 조직을 관리하는 것이다. 부하에 대하여 리더는, 기혼자에 대하여 배우자는, 나에 대하여 내 친구는 '있는 듯 없는 듯이 하다가 손을 내밀 때는 잡아주는' 사람이어야 한다. 그 대신 팀장은 자기 조직에 대해 자신이 전적으로 책임을 져야 한다. 따라서 팀장은

1. 업무에 가장 효율적인 직제 구성 및 인재의 적절한 배치
2. 조직에 대한 책임감과 시행의 결단력
3. 업무에 대한 긴 안목의 지혜(long term strategy: program)
   특히 3항은 후계자에 대한 구도도 포함된다."

"그렇죠! 윗사람은 그냥 긴 안목의 방향만 제시해 주면 되는데……" 대한이가 맞장구를 쳤다.

"그렇지. 그런데 의외로 사람들은 그 사실을 알아도 실제에 있어서는 그렇게 하기가 힘든데 그 이유를 대한이는 알겠니?"

"아니요, 잘 모르겠어요. 알려 주세요."

"그것은 사람은 절대 혼자 잘잘못을 판단하기 힘들기 때문이다. 자기 스스로는 훌륭히 한다고 해도 거기에는 오류가 있을 수

밖에 없다. 운동을 예로 들어보면 올림픽에서 메달을 따는 것은 선수들이지 감독이 아니다. 그러나 훌륭한 감독 없이는 메달 따기가 굉장히 힘들다. 그것은 선수 스스로 잘못을 못 보기 때문에 감독이 선수들에게 여러 가지 방법과 관리 및 단점을 교정해주는 것이다. 그러면 팀장(TOP)의 경우는 어떠한가? 운동선수들은 감독(코치)이 있기 때문에 강제적으로라도 시키고 개선할 수 있으나 TOP은 감독(코치)이 있을 수 없다. 따라서 한 나라 임금(TOP)의 경우 스스로가 밑의 재상(STAFF) 말에 경청해야 하고 재상(STAFF)은 TOP을 보좌해야 한다(실행조언). 옛날 중국 당나라 태종 때 유명한 간신(諫臣 임금의 잘못을 간하는 신하)인 위징이 죽자 태종은 나의 거울이 깨졌다며 슬퍼했다. 즉 자기 잘못을 간해줄 신하를 잃었다는 것이다.

　다른 예로 중국 한나라 말기 삼국시대 초기에 조조와 원수가 싸울 때 큰 전투가 있었다. 그때 원소의 부하장수가 이번 전투는 안 좋으니 다음 기회를 노리자고 했다. 그러나 원소는 이 말을 듣지 않고 나가 싸우다 참패를 당했다. 이에 원소는 간언한 장수를 죽였다. 반면에 조조는 같은 경우를 당해 전쟁에 지고 왔으나 진언한 장수에게 큰 상을 내렸다. 결국 원소는 조조에게 망하고 말았다. 조조와 원소는 같은 경우를 당했으나 조조는 패전 후 자기 약점을 알려준 자에게 상을 내렸고, 원소는 죽음을 내린 것이다. 즉 조조는 자기의 거울을 잘 닦았고 원소는 자기의 거울을 깨뜨린 것이다. 그러니까 인생에서 성공할 수 있는 사람은 자신에 대한 거울을 가지고 있는 사람이다.

　그래서 **재상은 임금의 거울**인 것이다. 이런 것이 힘들기 때문에 '**세상에 지자**(知者：똑똑한 사람)**는 많이 있으나 이를 다스릴 치자**(治者：관리자)**는 많지 않다.**'라는 말이 나오는 것이다. 카네기의 묘비명에는 다음과 같이 쓰여 있다.

'자기보다 뛰어난 자를 자기 주변에 모아 놓는 수법을 아는 자 여기 잠들다.' 어때, 카네기는 정말 멋진 사람이지 않니?"

"정말 그러네요. 그러기가 힘들 텐데요."

"사물에 정통한 사람(선수)은 사물을 사물로만 다룬다. 그러나 관리에 정통한 사람(감독)은 사물을 다루는 지혜를 가지는 것이다. 중국 역사를 살펴보면 초한지와 삼국지가 대비되는 경우가 많이 있는데 유방과 유비, 장량과 제갈량이지. 유방은 진나라가 망하고 모사인 장량의 도움을 받아 한나라를 세운 인물인 반면에 유비는 한나라 말기 위 촉 오 삼국이 정립하였을 때 모사 제갈량의 도움을 받아 촉나라를 세웠으나 결국 천하통일에는 실패를 했지. 그럼 왜 유방은 성공을 하고 유비는 실패하였을까?

사실 능력으로 보면 유방이나 유비나 둘 다 싸움을 잘하는 용장도 아니고 지모가 뛰어난 계략가도 아니지. 그러나 두 사람 모두 사람을 끌어 모으는 재능이 있었지. 그런데 유방의 상대였던 항우는 천하장사였으나 사람을 끌어 모을 줄 몰랐고 반면에 유비의 상대인 조조는 지략도 뛰어났지만 인재를 모으는 능력도 탁월했지. 자기 아들을 죽인 장수에게까지 맨발로 뛰어나가 맞이하였으니 상당한 인물이지.

재능 면에서만 보면 삼국지의 제갈량이 유비보다 훨씬 뛰어났다. 그러나 유비는 사람을 모을 줄 알았고 인재를 구별할 줄 알았지. 유비가 죽기 전에 제갈량에게 한 유언 중에 마속이란 장수를 중히 쓰지 말라 하였으나 제갈량은 위나라와의 중요한 전투에 마속을 선봉장으로 기용하였다가 낭패를 보았지. 이것은 인재를 보는 눈은 유비가 더 뛰어났다는 것을 말해 주지.

그래서 잘 짜인 조직을 생각해 보자.

회사(국가)에는 1명의 사장(군주 덕장)이 있고 그 밑에 여러 명의 참모(재상 지장)이 있고 각 파트별로 업무담당(장군 용장)

이 있다. 사장은 인사 담당으로 인재를 적재적소에 활용하여야
하며, 참모는 일에 대한 설계를 하고, 업무담당은 실질적인 일을
진행하게 되는 것이다. 삼국지의 촉나라가 이런 구조인데 유비는
사람을 잘 보고 제갈량은 전략 설계를 잘하고 그 밑의 오호 대장
군들은 실제 싸움을 잘하는 구조이다.

　-수장(덕장 德將): 사람 씀씀이(用人) 즉 적재적소 기용

　-재상(지장 智將): 설계자, 참모진, project설계 운용자

　-장수(용장 勇將): 실무진 기술적 우위

　(삼국지의 촉나라: 덕장-유비, 지장-제갈량, 용장-장수들)"

"군주는 사람을 모으는 능력이 중요하네요."

"그래서 지식이 부족해도 사람을 모으는 능력이 있으면 TOP이
될 수 있지. 지식은 남의 것을 빌릴 수 있으니까. 대신 큰 그림
을 볼 줄 알아야 하지. 그래야 목적에의 오류에 빠지지 않게 되
지.

사람에게는 두 가지 능력, 즉 덕(德)과 재(才)가 있다고 했지.
덕이 재능보다 뛰어난 사람은 자기가 아닌 다른 여러 사람을 쓸
수가 있다. 그러나 재능이 덕보다 뛰어난 사람은 한 사람(자기
자신)만 쓸 수 있게 된다. 그래서 실행조언 조직을 보면 주(主)
는 혼자여야 하고 부(副)는 많아야 한다는 것이다.

이조시대 황금기인 세종 조 때 특히 인재가 많아 그렇게 위대
한 업적을 남긴 것이 아니다. 인재를 발탁한 세종대왕의 능력이
진실로 뛰어난 것이다.

임금이 세(勢)라는 것은 재상의 명령보다는 임금의 명령이 훨
씬 효과적이고 위력적이기 때문이다. 그것은 구조가 그렇게 되어
있기 때문이다. 이 모든 국가조직 내지는 집단, 가정의 조직 등
은 그렇게 해야 된다는 잠재의식 내의 구조인식에 있는 것이다.
대한이는 군대에 갔다 왔으니 '계급이 절반은 일을 한다.'는 말

을 알고 있겠지."

"네 맞아요. 계급이 높으면 일 처리하기가 쉬워져요."

"이러한 구조가 바로 세(勢)인 것이다. 그렇게 하는 것이 당연하다고 모두 생각하는 것이 바로 세인 것이다. 조직의 장을 세우는 것은 조직을 위해 세우는 것이지 조직의 장을 위해 조직을 세우는 것은 아니다. 현명하지 않은 사람이 현명한 사람을 다룰 수 있는 것이 바로 관리라는 구조체계에 기인하기 때문이다. 따라서 훌륭한 임금이란 지식이 많은 것보다 지혜로워야 한다. 남의 충고를 달갑게 받아들이고 스스로 잘못을 시인할 줄 아는 사람이 명군(明君)인 것이다.

중국 수나라 양제는 자신의 위대함을 믿고 스스로 모든 일을 처결하고 밑의 신하가 상주하는 의견을 무시하였다. 그리하여 결국에는 필부(匹夫)의 손에 죽었다. 이에 당나라 태종은 밑의 신하의 의견을 거울삼아 선정을 폈기 때문에 중국 역사상 가장 위대한 성군(聖君)의 하나가 되었다. 당태종은 위징이라는 현신을 만났기 때문에 정관의 치세(당태종 때의 평화로운 치세를 일컬음)를 이룬 것이고 춘추오패의 하나인 제환공도 관자라는 걸출한 인물을 만났기에 패자가 될 수 있었다.

위징과 관자 역시 비슷한 점이 있었는데, 위징은 태종이 황제의 자리에 오르기 전에 상대편의 책사였고 관자 역시 제환공이 임금에 오르기 전에 상대편의 책사였다. 관자는 그 당시 화살을 쏘아 제환공의 혁대를 맞추어 거의 죽일 뻔했고 위징은 당시의 주군에게 태종을 없애라고 상주하였다. 그런 이들을 태종과 제환공은 승자가 된 후에 용서하고 등용하여 후세에 기록될 만한 치적을 남겼으니 과연 성군의 자질은 따로 있는 것 같다."

"잘 알았습니다. 그럼 밑의 사람에 대한 좋은 말은 없나요?"

"있지. 팀장 밑의 팀원 중에서는 어리석으며 부지런한 사람을 제일 경계해야 하는데 그 이유는 그런 직원은 조직에 기여를 많이 하지만 마이너스(負)의 방향으로 일을 진행하므로 가만히 있느니만 못한 것이다."

"가만히 있으면 중간이나 간다는 말이네요." 군대 갔다 왔다고 제법 대한이 말이 노련해졌다.

"그래. 그건 팀장의 경우에도 주의해야 할 사항인데, 어떤 집단행동에 대한 실험 중에서 사람들을 두 집단으로 나누어 실험했는데 한 집단은 1명의 똑똑한 사람과 다수의 평범한 사람들로 이루어졌고 다른 집단은 모두 똑똑한 사람으로 이루어진 집단이었다. 이 두 집단에 동일한 문제지를 주고 집단 내에서는 서로 상의가 가능하게 하여 답을 작성 후 제출하라 했을 시 1명의 똑똑한 사람이 있는 집단의 점수가 더 높다는 것이다. 이것이 집단에 1명의 TOP이 필요한 이유이다. 나폴레옹이 아래와 같은 이야기를 했다.

'뛰어난 두 장군은 평범한 한 장군보다 못하다.'

또한 현명한 군주는 신하들을 부리는데 그 충성은 직책을 넘지 않게 하고 (타 부서의 월권행위 방지), 직책은 그 관직을 넘게 하지 않았다. 다툼이 있는 곳에 항상 법이 미비되어 있다(현대는 직책이 관직을 넘는 경우가 많아 부장이 타 부서 과장에게 쩔쩔매는 경우가 발생한다). 옛날 중국의 한 군주가 야외에서 낮잠을 자는데 바람이 차서 옆에 있던 관리인이 담요를 덮어 주었다. 나중에 군주가 깬 후 이 관리인에게 벌을 주었는데 그 이유는 군주의 신상관리는 다른 부서 소관이기 때문이다."

"네, 잘 알았습니다. 그런데 조직의 장에 대한 이야기해 줄 것은 더 없나요?" 대한이가 말했다.

"있지. 임금이 신하에 대해 가지는 권한은 많지만 가장 대표적인 것이 포상과 징벌이다. 포상에는 많은 재물을 주는 것과 직

책을 올려 주는 것이 있다. 이들은 분명히 구별해야 한다. 즉

논공원칙: 공이 있으면 재물을 주어야 하고 능력(덕德을 포함)
이 있을 때 직책을 주는 것이다.

왜냐하면 직책은 이익과 관련되는 것이므로 능력과 덕이 있어야 문제가 발생되지 않는다. 일시적인 공(功)이 있다 하여 직책을 주어서는 안 된다는 것이다. 덕이 있고 교육을 통한 능력개발로 직책이 있는 관리자를 세울 수 있는 것이다.

미국의 유명한 백화점(노드스트럼)에서의 고용정책은 좋은 사람을 고용해 판매교육을 시키는 것이다. 왜냐하면 유능하지만 심성이 곱지 않은 판매경험자를 고용해 좋은 사람 만드는 것이 훨씬 힘들기 때문이라 한다."

"정말 옳은 이야기네요."

"그래서 하부사람(사원)이 자기 맡은 바 소임을 다할 생각을 하지 않고 그 외의 일, 즉 승진, 구매 등에 정신을 집중하면 기술력이 감소되는 것이다. 이것은 상앙(중국 고대시대 법가사상가)의 농전편에 '농사짓는 일에 마음을 돌리면 백성들은 성실하고 부리기 쉬워지며 진실로 수비도 하고 싸우게도 할 수 있게 된다. 따라서 상과 벌은 오직 농전(農戰)에 대한 것으로만 포상해야 한다. 백성들이 이용될 수 없는 것은 교묘하게 말을 꾸며 유세하는 선비가 군주를 섬겨서 자신을 존귀하게 하고 상인이 자기 집을 부유하게 하며 수공업자가 족히 입에 풀칠하는 것을 알기 때문이다. 백성이 이러한 것들이 편하고도 이롭다는 것을 알면 반드시 농사일을 피하게 된다.' 이 이야기는 현재 공대(工大)를 기피하는 우리 실정에 너무 잘 맞는 말인 것이다. 다만 농업이 공대로 바뀌었을 뿐이다. 사람이란 생산 현장이 아닌 유통이나 좀 더 편하고 수입이 높은 곳을 선호하게 되는 것이 현실정이다.

또한 주의하여야 할 것은 밑의 사람의 의견수렴 및 자유토론

을 너무 허락하면 그 중 위와 같은 유세가가 반드시 나온다. 따라서 조직이란 윗사람이 정확한 방향을 잡아주고 밑의 사람의 의견은 제안제도의 형식으로 받아들여야 한다. 즉 조직의 장이란 사람을 적재적소에 잘 활용하여 결국은 효용의 극대화를 가져와야 한다는 것이다.

이것을 사람의 신체에 비유하면 사람의 귀는 외부 정보가 들어오는 곳이고 입은 나의 정보가 나가는 곳이다. 따라서

입은 게으르고 귀는 부지런해야 한다(게으르나 똑똑한 사람). 이것이 인간에게 가장 효율적인 행위인 것이다.

조직의 장은 **정보**(세기변수)**와 힘**(수량변수: 인재)을 잘 활용할 줄 알아야 되는 것이다. 여기서 미국의 유명한 백화점(노드스트롬)의 정책을 다시 예로 들어보자.

1. 모든 상황에서 (판매원-직접 고객을 상대하는 사람)스스로 최선의 판단을 내리고 더 나아가 고객이 판단하고 결정했다고 생각하게 하라 ― 업무의 위임
2. 상품을 파는 것이 아니라 서비스를 파는 것 ― 신뢰
3. 웃는 사람을 고용해 기술을 가르친다 ― 인덕과 청렴
4. 나의 목표는 하루에 세 명의 새로운 사람을 만나는 것이고 그 중 한 명을 단골로 만드는 것이다 ― 목표 설정

결국 조직이란 명령을 내리는 사람과 명령을 시행하는 사람 간의 명확한 체계가 중요한데 고대 중국의 법가(法家 법을 중시하는 학파)가 단순하며 확실하게 표현한 말이 있지.

즉 '**군주가 신하의 도(일)를 행하면 혼란해지고 신하가 군주의 도(일)를 행하면 위태해진다.**' 이것은 예를 들면 부서장이 부서원의 일을 직접 행함으로써 개인의 능력을 잠재우게 하는 것이나 밑의 사람이 월권을 하여 지휘체계를 혼란시키는 경우가 되지. 사람의 경우도 일종의 조직체계로 머리는 군주에 해당하고

운동 및 감각기관은 신하에 해당되는데, 예를 들면

눈이 하여야 할 일을 머리가 대신하면 생각이 많아져서 암묵지적인 행위를 하지 못하게 되어 결정적인 시행을 놓치게 되지. 결국은 조직의 모든 행위를

사심(私心 개인의 친분 등) 없이 **법대로 행하라**는 것이 된다 (군주는 군주의 법, 신하는 신하의 법)."

"네, 잘 알았습니다. 그런데 한 가지 궁금한 것이 있는데요. 조직의 장은 많은 경우 중요한 의사결정이 필요하게 되는데 이러한 의사결정 과정에서 가장 효율적인 도구(TOOL)는 무엇이 있나요?" 대한이가 점점 깊숙한 질문을 한다.

"있지. 사실 효율적인 도구 채택이 중요한 이유는 때로는 그 집단의 성패를 좌우하게 되기 때문이지. 그래서 신중해야 하지. 그럼 효율적 도구를 찾기 위해 간단한 경우를 생각해 보자. 사람이 살아가는 여러 가지 일들을 우리는 흔히 전쟁으로 비유한다. 그리하여 전략이니 전술이니 하는 이야기가 사업가의 회의나 기업 일을 추진하는 경우에 많이 쓰인다. 그러면 실제로 전쟁이 일어나서 장군과 장졸들이 전쟁터에 나갔을 때 하는 일을 생각하여 보자.

일차적으로 장군은 참모를 소집하여 작전회의를 한다. 이 작전회의를 할 때 장군이 제일 먼저 하는 일은 지도(map)를 꺼내어 보는 일이다. 지도를 봄으로써 지형지물을 파악하고 공격과 방어의 전략을 세우게 되는 것이다. 그것은 지도라는 것이 전쟁에 있어서 한눈에 모든 상황을 나타내어 주기 때문이다.

현대의 경영에서도 마찬가지이다. 사업 상황을 정확히 설명하여 주는 map을 어떻게 잘 작성하느냐에 따라 사업Project의 상황을 올바로 판단하여 추진해 나갈 수 있는 것이다. 여기서 map이라는 것은 단순 그림을 뜻하는 것이 아니라 한 화면에 정보량을

도형화, 수식화하여 한눈에 감(感)을 잡을 수 있는 형태로 표현하여 관리할 수 있게 하는 것을 말한다. 이는 '한눈에 관리'할 수 있는 자료를 말하는 것이다(Map Management).

이러한 Map Management 방법은 또한 '목적에의 오류'를 방지하고 명확한 목표 설정을 위한 기법이기도 하지. 그래서 회사에서 업무 발표 시 장황한 여러 장보다는 1장만으로 요약 정리할 줄 아는 사람이 Map에 대해 잘 아는 사람이라 할 수 있지. 이것도 일종의 암묵지적인 행위와 비슷한 이야기지. 즉 일이란 것은 단순하게 생각해야 하는 것으로

해당 조직(직책)에 대한 포괄적인 대표지수를 만들어 이 지표에 대한 단순하며 철저한 관리를 하는 것이지."

"map에 대한 간단한 예시는 없나요?"

"숫자'만'을 표시할 경우 아래와 같이 여러 경우가 있다.

① 10000   ② 10,000   ③ 1만

이 중에서 한눈에 들어오는 것의 순서는 당연히 ③②①순이다. 즉 map은 한눈에 식별되고 분석하기 쉬운 방법을 말한다."

map과 유사한 개념으로 profile이 있는데 이것은 대상(object)에 대한 정보를 요약 차트화(化)하는 것이다. 반도체 공정에서 많이 사용하는 furnace(용광로)의 온도profile은 위치 또는 시간에 대한 온도변화를 말한다.

2-5. 행복한 사회 만들기 - 치국(治國)

"그럼 어떻게 하면 모두가 원하는 행복한 사회를 만들 수 있을까요?" 대한이가 물었다.

"그것은 앞에서도 이야기하였듯이 한 나라의 임금이나 조직의 장이 훌륭하면 그 나라나 조직은 안정되고 국민이 행복할 것이다. 즉 조직이 잘 정비되어 있고 그 직위에 맞는 사람이 제 위치에 있으면 정말로 좋은 사회와 국가가 될 것이다. 그것이 바로 **주(主)와 부(副)의 질서가 잡힌 안정된 조직인 것이지.**"

"그러나 할아버지, 과연 매 정부 매 왕조의 통치 기간마다 이렇게 훌륭한 임금이 구비되어 있을까요? 그럼 위와 같은 것이 구비된 사람이 없을 땐 어떻게 해요?" 대한이의 질문이 제법 날카로워졌다.

"그래 정말 좋은 질문이야. 그럼 우리가 다시 한 번 잘 생각해보자. 한 나라의 임금은 과연 하늘이 내려주신 것일까? 하늘이 내려주셨기 때문에 그 밑의 백성과 신하들은 충성을 다하여야 하는가? 그런데 만약에 그 왕이 패악 무도한 왕이면 어떻게 하겠는가. 그래도 신하들은 그 왕이 옳은 길로 가게끔 (자신은 비록 죽을 수 있을지언정) 충언을 아끼지 말아야 하는 것인가. 아니면 패악한 왕을 몰아내고 훌륭한 사람을 왕으로 세워야 하는 것일까? 사실 유교의 관점에서 보면 아버지와 자식(父子) 그리고 왕과 신하(君臣)는 거의 같은 개념으로 해석되어 있다. 즉, 아비가 비록 잘못을 하여도 그 자식이 부모를 해(害)할 수 없듯이 군주가 잘못을 하여도 그 신하가 군주를 해하지 못하고 충성을 다해 옳은 길로 인도해야 한다는 것이다.

그런데 엄격히 생각하면 부자의 관계는 천륜인 것이다. 이것이 군신의 관계와 같다고 보는 것은 잘못된 것이다. 만 명을 죽이는 폭군에 대하여 그 폭군(과 간신 수십 명)을 죽임으로써 만 명을 살릴 수 있다면 그것이 더 옳은 일이 아니겠는가? 만 명을 죽인 폭군에게 충언을 하다 죽음을 당하고(과연 이 신하는 충신이라고 만고에 이름만을 날릴 수 있게 되는 걸까?) 그 폭군이 다시 만 명을 죽인 것과, 만 명을 죽인 폭군에 항거하여 그 폭군을 없애버림으로써 나머지 만 명을 살린 것과 과연 어떤 것이 더 옳은 일인가? 이 폭군을 죽인 사람은 만고의 역적이 되는 것일까?"

"글쎄요. 객관적으로 냉정하게 생각을 해보면 폭군을 없애는 것이 옳은 일 같아요."

"그래서 중국 은나라의 폭군을 물리쳐 도탄에 빠진 백성을 구하기 위해 주나라가 일어섰고 책략가 강태공은 주나라를 도와 은나라를 멸망시켰다. 그러나 백이와 숙제는 신하 된 도리로 임금을 치면 안 된다고 하다가 결국 수양산에 들어가 굶어 죽었다. 후세의 사가는 백이와 숙제를 충신이라고 했지만 강태공을 역적이라고는 하지 않았다. 그래서 중국 당나라 태종 때 위징이라는 신하는 당 태종에게 이야기하기를 자신은 충신(忠臣)이 되고 싶지 않고 양신(良臣)이 되고 싶다고 했다. 즉 당 태종이 못된 임금으로써 자신(위징)이 충언을 하다가 죽어 충신으로 남기보다는 훌륭한 임금(태종)이 되어 밑에서 조언을 하고 싶다는 것이다. 좋은 이야기지. 그러면 과연 폭군일 경우는 백성들을 위해서라도 혁명을 해야 하는 것이 옳은 길이라고 대한이는 생각하나요?"

"네." 대한이가 자신 있게 대답했다.

"그런데 이 문제는 그렇게 간단하게 결론지어질 것이 아니다. 왜냐하면 새로운 인물에 의해 새 왕조가 들어서면 그 밑의 백성들은 '아, 무력으로 왕조를 무너트릴 수도 있구나!'라는 생각과 함께 왕이 조금만 잘못해도 혁명을 일으키고 그것을 정당화하기 때문이다. 과연 왕의 어디까지의 행동이 백성들에게 받아들여질 수 있는가의 판단도 역시 사람이 판단하는 것이기 때문에 정당성에 대한 회의가 생길 수 있다. 잘못하다가는 한 사람이 사심으로 혁명을 일으킨 것이(한 마리 개) 다른 모든 사람에게도 정당화될 수 있기 때문이다(백 마리 개).

그래서 성군이 중요한데 그렇다고 매번 왕이 승하한 후 새로 세울 때마다 현자를 찾아다닐 수는 없는 노릇이다. 또한 그렇게 하여 새로운 현자를 찾아 왕에 봉하였는데 초기에는 선정을 베풀다 점점 폭군이 되어 간다면 그때 또 왕을 폐하고 새로운 왕을 찾는다는 것 역시 어려운 일이다. 따라서 그래도 현군의 자식이 현군이 될 자질이 있다고 생각하여 세습을 인정할 수밖에 없고 이렇게 세운 임금은 틀려도 임금은 임금이라는 것이다. (약간) 틀렸다고 갈아치우고 하면 그 판정 또한 부정확할 수 있지."

"그럼 과연 다른 효율적이고 옳은 방법이 있나요?" 대한이가 걱정스러운 표정으로 물었다.

"고대에는 요순임금 덕에 이상국가가 이루어졌지만 사실 매 시대마다 계속 요순과 같은 성인이 나올 수는 없는 것이다. 그래서 성군 이후에 평범한 임금이 나오더라도 국가와 국민에 대한 안녕 및 질서가 유지될 수 있게 하여야 하는데 여기서 바로 법이 필요하게 된 것이다.

이러한 법을 성군시대 때 제정하여 시행함으로써 그 후 임금이 성군이 아니더라도 별 차이 없이 통치를 해나갈 수 있게 한 것이다. 중국 한나라 때 고조가 통일한 후 초대재상으로 당시 개국공신인 소하를 임명하여 한나라 400년의 기초를 다지고 법을 제정하였다. 다음 황제는 혜제로서, 재상으로 조참(曺參)을 임명하였는데 조참은 정사는 돌보지 않고 술만 마셨다. 답답한 혜제가 조참을 불러 그 연유를 물어보니 조참이 말하기를 '폐하께서

선제(고조)와 비교하시면 어떠하십니까? 또한 신(臣)의 능력을 전의 재상인 소하와 비교하여 누가 더 훌륭하다 생각하십니까?'라고 물으니 혜제는 자기는 아버지 고조만 못하고 조참은 죽은 소하만 못하다고 대답하였다. 이에 조참이 말하기를 '폐하의 말씀이 옳습니다. 선제와 소하는 천하를 통일하고 법령을 확실히 제정하였습니다. 이제 폐하와 저는 직분을 지키면서 그것을 잘 유지하기만 하면 됩니다.'라고 하였다. 이에 후세 사람들은 소하와 조참을 둘 다 명재상이라 칭송하였다."

"네, 이해가 되네요."

"또한 여기서 우리는 로마가 세계를 제패한 이유를 생각해 볼 수 있다. 로마는 일찍부터 법과 체제를 수립하였다. 그리고 이 법과 체제의 근본적인 것은 로마가 왕정을 거쳐 공화정 그리고 제정이 되어도 유지되었던 것이다. 이로써 위대한 로마가 탄생한 것이다.

예를 들면 로마는 패전 장수를 벌하지 않지만 군율 위반을 하였을 시는 가장 무거운 벌을 받게 된다. 즉 법을 우선으로 한 것이다. 이것이 카르타고와의 전쟁에서 로마가 이긴 원인의 하나가 된다. 즉 카르타고 장수들은 패전 시의 처벌에 대한 위압감 때문에 보다 적극적인 작전을 펼치지 못한 반면 로마 장수들은 자기 소신대로 전쟁에 임할 수 있었던 것이다. 또한 로마는 전쟁터에서 총지휘관에게 모든 전략을 일임하는 전통이 있다. 즉 한번 임명 후에는 전적으로 믿는 것이다."

"법이 상당히 중요하네요. 그럼 이러한 법은 어떻게 만드는 것이 좋은가요?"

"사실 성군의 자질이 없으면 법만 잘 시행하면 된다. 그러기 위해서 법은 간단명료해야 한다. 누구나 보아도 타당하고 이해할 수 있어야 한다. 법이 복잡한 이유는 경우에 경우를 자꾸 만들어서 그렇다. 사회는 사회 스스로 복잡하게 만드는 것이다. 복잡하게 생각하면 모든 것이 복잡해진다. 법이 복잡하면 조직이 복잡해지고 경우와 생각이 복잡해지고 또 이에 따라 법이 복잡해지고 (물론 법이 복잡해진 이유가 사회가 복잡해져 어쩔 수 없다고 혹자는 말하겠지만……) 이래서 그 복잡한 법의 틈새를 노려 불법행위를 하게 되는 것이지.

옛날 중국의 춘추전국시대 명재상인 자산이 법을 제정해 백성들이 볼 수 있게 최초로 주조하여 전시하였다. 이때 그 당시의 현자인 숙향이 이에 대한 문제점을 지적했으나 자산은 세상이 어지러워 어쩔 수 없다 했다. 과연 수천 년이 지난 지금은 더욱더 어지러워 법이 필요할 수밖에 없겠으나 법은 기준이 명확해야 간단명료하다는 것은 마치 고대 천문학에서 지구를 중심(기준)으로 그린 프톨레마이오스의 천체도보다 태양을 중심(기준)으로 그린 코페르니쿠스의 천체도가 훨씬 명확하고 유익했다는 것을 보더라도 잘 알 수 있다. 따라서 법은 Fool-proof해야 한다."

"Fool-proof가 무엇이에요?" 대한이가 궁금한 듯 물었다.

"Fool-proof란 제조공장에서 쓰는 용어로써 안전에 관한 것이다. 이것은 장비를 사용하는 데 있어서 누가 사용을 해도 (바보-Fool-가 사용을 해도)아무 사고가 나지 않도록 설계되어야 한다는 것이다. 법 또한 누가 시행하여도 정당하고 평등하게 시행될 수 있도록 해야 한다는 것이다. 사회 구조라는 것은 규범에 따라 간단해지기도 하고 복잡해지기도 한다.

실제 상식 이상의 법령은 없는 것이다. 국민들은 법이 복잡하면 그에 따라 복잡하게 되고 법이 간단하면 또 그에 맞게 살아간다. 쓸데없는 걱정할 필요가 없다. 이것이 바로 구조우위인 것이다. 모든 것은 기준잡기 나름이다.

할아버지가 젊어서 회사에서 자재관리를 맡고 있을 때 일이다.

하루는 자재창고를 살펴볼 기회가 생겼다. 그런데 창고에 너무 자재들이 많이 쌓여 있었다. 그래서 창고를 정리하라고 하지 않고 다음날 그 창고의 면적을 절반으로 줄여버렸다. 그랬더니 사원들이 알아서 창고의 불필요한 것들을 정리하였다. 법이란 이런 것이다. 간단히 명확하게 만들면 틈새를 찾을 수 없는 것이다. 그래서 회사에서의 관리부서(품질관리 등⋯⋯)의 궁극적인 목적은 그 부서를 없애는 것이다."

"재미난 예는 없나요?"

"있지. 당나라 때 일이다. 하루는 황제가 진귀하고 아름다운 옥(玉)을 얻게 되어 기분이 매우 좋았다. 이에 황제는 궁내 옥공(玉工)에게 명하여 그 옥을 가공시켜서 허리띠에 끼울 수 있도록 명하였다. 그런데 옥공이 옥을 가공하던 중 실수를 하여 옥구슬 한 개를 망가뜨려 버렸다. 옥공은 하는 수 없이 비슷한 것을 구하여 대신하여 가공을 끝냈다. 옥공으로부터 옥대를 받은 황제는 아름다운 옥대의 광채에 매우 기뻐하였다. 그러나 그 옥대의 구슬 중 하나의 빛깔이 흐릿한 것을 발견하고 화가 나서 그 옥공을 불러 두들겨 팼다. 그래도 성이 풀리지 않아 옥공을 치안부서로 넘겨 사형에 처하라고 명령을 내렸다.

이 명령을 전해 받은 재상이 즉시 황제에게 진언을 하였다. '옥공이 옥구슬을 망가뜨렸을 때 즉시 폐하께서 옥공을 참하셨다면 아무도 이의를 제기하지 못했을 것입니다. 그러나 폐하께서는 그렇게 하지 않으시고 치안부서로 넘겨 처리하도록 하셨습니다. 따라서 법규에 의거 재판을 해야 하며 그 법규에 의하면 그를 사형시킬 수 없습니다. 왜냐하면 법규에 의거 황실 기물을 파손한 자는 곤장을 치도록 되어 있습니다. 따라서 법규대로 처리하도록 윤허하여 주십시오. 법규에 의하지 아니하고 사형에 처하면 국가의 법규가 무슨 위엄이 있겠사옵니까?' 이에 황제는 그의 진언에 따라 옥공을 법규대로 처리하라 하셨다.

고대 그리스 국가의 하나인 스파르타의 경우 그 나라의 법령을 제정한 리쿠르고스는 법령을 제정한 후 그 법이 계속 지켜지기 위해서 스스로 스파르타를 떠나 델포이로 간 후 그곳에서 죽었다. 그가 델포이로 떠나기 전에 시민과 약속하기를 자기가 돌아오기 전까지는 제정한 법을 반드시 지키라고 맹세를 했다. 그리고 델포이로 떠난 그는 그 법의 준수를 위해 델포이에서 죽음을 맞았고 이로 인해 그 법을 준수한 스파르타는 5백년간 계속해 모든 그리스 국가 중 가장 강력한 나라가 되었다. 또한 아테네의 법을 제정한 솔론도 법 제정 후 10년 동안을 해외로 나가 살았다. 이 모두가 법이란 제정하고 나면 어떠한 경우든 지켜야 한다는 것이다."

"그러면 법을 어떻게 시행하는 것이 좋은가요?"

"법의 시행이라는 것은 제조공정에서의 제품에 대한 검사 공정에 해당한다. 그런데 제조공장에서의 검사 공정은 생산 공정과 분리되어 있다. 즉 '생산을 할 사람과 검사를 할 사람'을 분리시킨다(조직적으로). 그러나 현대국가의 법체계는 이렇지 아니하다. 법의 시행이 행정부에 있으면 형벌은 사법부로 완전히 분리를 시켜야 할 것이다(이의 시행 부서인 경찰과 검찰).

부동산을 많이 소유한 사람을 관직에 임명해 부동산정책(투기방지)을 맡기면 그 사람은 결과적으로 **부동산 가격이 올라가는** 정책을 펼 것이다. 부자들이 관직에 있으면 부자를 위한 정책이 나올 수밖에 없다. 그래서 로마의 입법기관은 2원제(원로원과 민회)로, 민회는 서민만 가능하고 원로원 입법에 대한 거부권도 있다(우리도 현재 국회를 절반으로 줄이고 절반은 민회를 만들어 중하계층만이 의원 자격이 되게 하였으면 좋겠다).

법이라는 것은 천 명을 죽여 만 명을 살리는 것이다(실행 조언). 따라서 법을 시행함에 있어서는 '**법대로**' 행해야 한다. 물고기 중에 청어라는 물고기가 있는데 성질이 유별나서 자기들끼리 있을 때는 쉽게 죽는다고 한다. 이때 메기(청어를 공격하는 물고기)를 한 마리 넣어주면 (물론 몇 마리는 메기에 의해 청어가 죽지만) 많은 청어들이 오래 산다고 한다. 그것은 적이 있음으로써 생존 본능이 살아나는 것이다. 법도 국민에 대해 일종의 경각심을 불어넣어 주는 것으로 범법자를 벌을 주는 것이다.

인과율이란 질서인 것이다. 하늘의 인과율을 땅에 심어 놓은 것이 바로 법이다. 법이 확실하면 평등은 바로 눈앞에 있는 것이다.

즉 法令이 명확해야 조직이 평화롭고 강해진다.

order(명령 법규)는 order(질서)이다.

중국 춘추전국시대 재상 자산이 죽기 직전에 자기의 후임 재상에게 당부하기를 '당신은 너무 착해 법을 시행하기가 힘들 것 같은데 재상이 된 후에는 필히 법을 엄히 시행하시오.'라고 당부를 하고 죽었다. 과연 후임이 재상이 된 후에 마음이 약해 법이 느슨해졌는데 그 틈을 노려 도적이 들끓었다. 이에 신임 재상은 마음을 고쳐먹고 법을 강화시켰더니 도적이 줄어들었다. 그래서 형벌의 시행이란 다시는 그런 범죄가 일어나지 않도록 하기 위해 시행되는 것이다. '미안하다'는 의미는 다시는 그 잘못을 되풀이하지 않겠다는 뜻이다. 따라서 법이란

그 범죄가 다시 발생하면 법의 내용이든 시행자이든 무언가에 잘못이 있는 것이다.

예를 들어 절도한 죄, 그 절도물을 매매한 장물죄, 절도 물건인 줄 알면서 취득한 죄 중에서 가장 무거운 형량을 부과하여야 할 죄는 마지막의 죄인 것이다. 그런 물건을 취득할 사람이 없으면 당연히 그런 범죄가 발생될 수가 없다. 즉 수요가 있으므로

공급이 발생되는 것이다. 매춘행위도 근본적으로 그곳을 찾는 사람에게 형을 과중하게 부과하여야 하는 것이다.

또한 모든 법규의 근본은 총체적인 개념을 기준으로 만들어져야 한다. 일부에 대해서만 법규가 제정되면 항상 사람들은 빠져나갈 구멍을 찾기 마련이다. 예를 들어 부동산 투기를 잡기 위해 다주택 보유자에게 세금을 높이는 정책을 펴니 사람들은 넓은 평수의 단일주택을 소유하려 해 결국 넓은 평수의 주택 가격만 상승하는 결과가 된다.

또한 법은 피의자 위주가 아닌 피해자 위주로 책정하여야 한다. 죄를 지은 사람이 심신미약 등으로 풀려나면 피해자는 어쩌란 말인가? 피의자의 모든 조건보다는 피해자의 피해에 대한 보상 및 재발방지에 의거한 법이어야 그 범죄가 재발하지 않는다."

"그럼 옛날 법가들은 법에 대해 어떻게 정했나요?"

"법가의 대표적 인물인 상앙은 작은 죄에 대하여 큰 벌을 내려야 작은 죄뿐만 아니라 큰 죄도 짓지 않는다고 하였다. 그런데 우리나라는 어떠한가? 상앙의 논법을 합리화하여 작은 죄에 대하여는 정말로 큰 벌을 내리면서(예를 들면 지하철에 무임승차 시 발각되면 30배로 무는 것 등……) 정말로 큰 죄인 탈세, 정치헌납 등은 떡값이란 미명 아래 용서가 되니

우리나라는 작은 죄를 삼가고 큰 죄만 지으라고 구조적으로 만들어져 있는 것이다.

만약에 떡값 등을 30배의 보상금을 물도록 법으로 정해놓으면 누구도 뇌물을 받지 않으려 할 것이다.

상앙이 주창한 농병(農兵)을 현대적 관점에서 보면 공병(工兵) 즉 기술 우위와 국방력 증강이 될 것이다. 이에 가장 들어맞는 나라가 바로 미국인 것이다. 미국은 법치주의이다. 물론 우리나라도 법치주의이지만 약간 개념이 다르다. 미국은 실제 법규책을

가정마다 가지고 있는지는 잘 모르지만 모든 것이 법에 의존되고 있다. 이에 각 주마다도 법이 달라 다른 주로 이사를 가면 그 주의 법에 대한 공부를 하여야 한다. 그래서 조그만 잘못이라도 법에 어긋나는 일은 하지 말아야 된다는 생각이 강하다. 그런데 우리나라는 외견상 큰 죄(?)를 지어야 불법적인 행위를 한 것으로 생각한다. 즉 법에 대한 지식이 거의 없는 실정이다.

그 다음 공병(工兵)은 어떠한가? 미국의 산업표준은 미국 국방부의 규격에서 많이 나왔다. 가장 훌륭한 업무 매뉴얼은 미 해군에서 발간된 것이며 이는 초등학교 수준에서도 이해할 수 있다 한다. 그리고 미국은 군대에서 자기가 사회에 있을 때의 기술을 적극 활용하게 하여준다. 이로써 산업과 국방기술을 연계 내지 접목이 잘 이루어지고 있다. 그런데 우리나라는 군대에 가면 몇 년 썩고 나온다고 생각한다. 즉 일부를 제외하고는 거의 무의미하게 지내다 제대한다. 우리나라도 군대를 단순히 국방의 개념으로만 생각하지 말고 산업의 연장으로 개념을 넓혀 우리 청년들이 실익 있는 젊은 날을 보낼 수 있게 해야 한다.

이와 같은 사실을 볼 때 미국은 중국 고대 통일제국인 진(秦)나라와 매우 비슷한 성격을 가지고 있다. 부국강병, 법치위주 등을 비교하고 현재 세계 지배력 등을 볼 때 아주 유사하다. 그러므로 미국은 진나라가 2대에 망한 것을 잘 고찰하여 세계평화에 힘써야지 그렇지 않으면 역사의 재확인이 될 수 있을 것이다.

RULE(법)은 RULER(잣대)이다. 따라서

법이란 내용면에서 재발되지 않게 하며(수요 차단)

형식면에서 Fool-proof로 객관적/단순/총체적이며

실행에서 독립적이어야 하고, 피해자 중심이어야 한다."

"이렇게 법을 잘 제정하여 시행해도 역시 비도덕적인 사람이 없어지지 않는 것은 무엇 때문이에요?" 대한이가 다시 물었다.

"힘든 문제인데 이해를 쉽게 하기 위하여 옛날이야기를 들려 주지. 중국 고대 어느 나라 때 일이다. 지방에서 반란이 일어났다. 이에 많은 대신들은 당장 군대를 보내 반란군을 토벌하자고 주장하였다. 그러나 한 대신이 나서서 다른 의견을 내세웠다. 그는 그 지방 백성들이 반란을 일으킨 이유는 흉년이 들어 극심한 식량난에 허덕이기 때문이라고 하였다. 그렇기 때문에 그곳 백성들에게 세금을 면제해 주고 백성들에게 식량을 나누어 준다면 백성들의 반란은 저절로 가라앉을 거라고 주장하였다. 그렇지 않고 군대를 파견하여 무력으로 해결한다면 국력만 낭비하고 결과적으로 역효과를 가져올 것이라고 했다. 이에 황제는 이 대신의 의견을 받아들여 세금을 면제하고 식량을 풀어 나누어 주었더니 반란은 스스로 그치게 되고 안정을 되찾았다.

이 이야기는 인간의 최초의 욕구 즉 경제적 욕구의 해결이 충족되지 않으면 범죄는 항상 일어날 가능성이 있다는 것이다. 인디언 사회에서는 음식물을 훔치는 것은 범죄행위가 아니라고 했다. 이러한 인간의 초기적 욕구 해결이 중요하고 이를 위해 국가는 국민 개개인의 경제적 안정을 가져다주어야 한다. 그래서 관자는 '의식이 구족되어야 예의를 안다.'고 했고 군대에서도 가장 중요한 것을 병참(보급 지원)이라 한 것이다."

"그럼 행복한 사회를 위해 어떠한 경제체제가 필요한가요?"

"인간사회에 있어서 경제의 역사는 자유재(공짜로 얻을 수 있는 것)의 축소와 경제재(돈을 내야 또는 노력을 해야 얻을 수 있는 것)의 확대로 발전되어 왔다. 즉 세상 초기에는 공짜로 얻을 수 있었던 것들이 사람 수의 증가 및 사회의 발달로 금전적 대가를 치러야 되었다. 초식동물의 먹이는 자유재이고 육식동물은 경제재(노력해서 먹잇감을 찾아 다녀야 하니까)를 먹고 산다. 잡식동물인 인간은 자유재와 경제재를 같이 먹잇감으로 하지만 문명의 발달이 거의 모든 것을 경제재(문명의 이기는 물론 최근에는 물을 포함해 공기까지도)로 바꾸어 버렸다.

아메리카대륙에 있어서 서구 열강이 침략하기 전에는 그 넓은 대륙은 인디언에게 자유재였다. 그러던 것이 침략을 받고 개척이라는 미명 아래 경제재로 바뀌기 시작했다. 인디언들은 자연과 인간이 동등하다고 생각하여 자신들이 먹을 식량도 꼭 필요한 양만큼만 사냥을 한다. 즉 재산에 대한 축재를 하지 않으므로 사유재산이란 개념이 없다. 이것은 먹이피라미드에서 최고상층부에 있는 인간이 적게 소비하므로 즉

먹이피라미드에 의한 계속적 선순환을 유지함으로써

자연계의 평형을 이루게 된 것이다. 이것이 인디언이 아메리카대륙에서 최근의 1800년대까지도 자연과 평화를 유지하며 살아올 수 있었던 비결인 것이다. 반면에 그 당시의 중세유럽은 인간의 수가 늘어나면서 소비할 땅이 상대적으로 적어져 먹이피라미드가 모래시계 모양을 하게 되었다. 이에 어떤 탈출구가 필요했고 아메리카대륙이 그 대상이 되었다.

따라서 그 전의 아메리카대륙은 인간에 있어서 자유재에 가까운 것이었으나 서구열강의 침략과 미국이란 나라가 설립되면서 무차별한 자연 파괴로 먹이피라미드는 무너지고 사유재산이 생기면서 자연계는 경제재로 바뀌게 된 것이다.

그러나 사회경제의 기본은 평등과 효율이며 이를 달성하기 위한 근본은 '자유재의 확대'에 있다. 이는 과학기술의 발달이 환경과 자연이 준 선물을 훼손하지 않고 발전해야 한다는 것이다. 그래서

자유재가 확대되면 모든 경제이론은 무의미하게 된다.

이것이 우리들이 꿈꾸는 원시 자연사회인 것이다."

"그러나 자유재가 확대되면 사람들은 게을러지게 되지 않나

요?" 대한이가 제법 예리하게 지적했다.

"제법 좋은 지적이야. 아프리카의 여러 국가가 낙후된 이유도 자유재가 많기 때문이다. 그러나 자유재가 많은 산속의 수도승이 게으르다는 이야기는 들어본 적이 없다. 이는 자기 관리 때문이다. 그렇지만 모든 사람이 수도승처럼 살 수는 없다. 그래서 이를 적절히 관리하는 것이 바로 국가의 의미며 치국(治國)의 도리인 것이다."

"그러면 세상이 발전하면서 편리해진 반면에 부작용도 많이 발생되겠네요." 대한이가 말했다.

"그렇지. 기술의 발달이 인간을 편리하게 하였지만 이로 인해 상대적인 물건 값의 상승을 초래하였고 (경제재의 확대 즉 공짜에서 금전적 대가로 다시 고가물품으로) 이것이 인플레이션을 유발시킨 것이다. 사람이 흑백TV를 발명했을 때 신기했고 비싼 물품이었다. 그러다 기술개발로 대중화가 되며 가격이 약간 떨어졌다. 그 후 컬러TV를 발명하였고 그 가격은 상당히 고가였다. 사람들은 흑백TV를 통상적인 개념의 TV로 인식하다가 그 후에는 컬러TV가 통상적인 TV가 되었고 따라서 상대적인 TV의 값 즉 사람이 느끼는 통상적인 TV값은 상승한 것이 된다.

이러한 것이 유통시장 발달로 더욱 가속화되며 이에 따른 제반 상품 (부동산 포함)의 가격이 상승하게 된다. 즉 인플레이션을 유발하게 된다. 그러나 이 중 상승하지 않는 것이 있는데 그것은 예를 들면 쌀의 경우는 인류가 처음 쌀을 주식으로 한 후 지금까지 큰 발전이 없었으며 단지 생산량의 증가만 가져왔다(특성 쌀이 일부 개발되었지만). 그러나 다른 물건 값이 오르니 이에 맞추어 어느 정도 오를 수밖에 없었다. 따라서
경제재의 확대라는 것은 바로 인플레이션을 유발할 수밖에 없는 것이지. 이는 인류가 발전하는 한 어쩔 수 없지. 또한 세계가 글

로벌 경제로 나아가면서 무역이 활발하게 이루어지고 있으나 각국들은 무역수지를 위해 자국 내 화폐가치를 떨어뜨리고(그래야 무역에서 경쟁력이 커진다) 이것이 인플레이션을 가중시키게 되는 것이다."

"문명의 발달이 경제재의 확대를 가져옴과 동시에 빈부의 격차를 심화시킨 것 같은데요." 대한이도 제법 나름대로의 논리를 폈다.

"그래, 제법인데. 이러한 **인플레이션이나 부의 편중은 세상이 발전하는 한에 있어서는 당연한 것**이어서 이것들을 인위적으로 무리하게 관리하는 것은 큰 의미가 없고 다만 적절한 조정이 필요하지. 여기서 부의 편중의 이유는 과거의 경제는 단순히 1+1=2라는 수량변수의 경제체제였으나 문명이 발달되면서 세기변수의 경제체제로 바뀌게 된 것이다.

예를 들면 TV를 통한 광고는 TV라는 세기변수 매체를 통해 전 국민에게 손쉽게 정보전달을 함으로써 단순 수량변수의 논리를 넘어선 크나큰 효과를 가져다준 것이다. 특허를 통한 이윤 축적도 또한 세기변수의 대표적인 것이다.

즉 기존의 단순 1대1의 경제체제에서 1대다(多)의 경제체제로 변화되어 갔으며 이로 인해 세기변수를 선점한 사람들의 부의 축적이 일반인에 비해 상대적으로 월등히 높게 된 것이다(부동산, 연예, 체육, 기술특기 등).

현대의 대표적인 부자들이 세기변수 즉 소프트웨어, 인터넷 등을 이용해 많은 재산을 얻은 것을 보면 알 수가 있다. 이것은 기술이 발달할수록 더 심화되어 갈 것이며 가중된 상대적 부의 축적으로 인플레이션의 증가는 당연하게 된다. 그러나 일방적인 한 변수의 독주는 결국 부작용을 가져오게 되며 이로써

미래는 세기변수의 문제점에 직면하게 될 것이다. 현대에 세

기변수의 대표적인 것이 전자산업과 금융산업인데 전자산업은 반도체산업과 맞물려 있다. 전자제품의 가장 중요한 부품이 반도체의 메모리(기억장치)인데 이익창출을 위해 수율증대를 하면 메모리 공급이 많아지고 이것의 소비를 위해 새로운 전자제품이 개발되어야 한다. 새로운 전자제품에 의해 메모리 수요가 급증하고 따라서 반도체공장이 증설되어 호황을 맞게 된다. 공장 증설로 메모리 공급이 많아지면 다시 새로운 전자제품을 개발해야 한다. 개발이 더디게 될 때 공급과잉으로 인해 반도체 불황이 오게 된다.

이러한 사이클이 반도체산업의 불황과 호황을 교대로 발생시키게 된다. 멈출 줄 모르고 평행선을 달리는 기차와 같고 1위 아니면 살아남기 힘들고 결국 1위도 위험하다. 강대국의 군수산업도 그렇고 금융산업도 마찬가지이다. 선물(先物)이 대표적 세기변수로 레버리지효과(지렛대 효과)를 발생시키지만 한 쪽에서 무너지면 도미노 효과로 엄청난 피해를 초래할 수 있다. 2000년 후반의 미국의 서브프라임사태(부실부동산 담보대출)가 이것을 말해준다. 보다 편리한 제품이나 제도가 인간을 행복하게 해주지는 않는다. 현재에 만족하느냐 안하느냐에 행복이 달려 있다.

좋은 것은 이전의 좋은 것에 대한 행복을 빼앗아 간다. 옛날에 소시지(sausage)가 처음 나왔을 때 먹어보니 정말 맛있었다. 그런데 얼마 후 더 좋은 소시지가 나와 먹어보고서는 전에 소시지를 다시 먹어보니 맛이 없었던 것이 생각난다.

전의 소시지는 그대로인데 내 자신이 맛에 대한 내성이 생기게 된 것이다. 인류는 문명을 발전시키면서 **정신적인 내성(耐性 행복에 대한 내성)과 육체적인 내성(병원체의 면역에 관련된 내성)**을 키워왔다. 그래서 물질적 풍요 속에 정신적 불행이 커져왔고 육체적으로는 아토피 등의 현대병이 증가하게 된 것이다. 문명이 발전하면서 수많은 문제에 직면되는데 특히 국가 경제에 문제가 발생 시 시장 자율에 맡기느냐 국가가 개입해야 하느냐는 문제에 국가가 직면하게 된다.

사실 국가의 기능은 일종의 buffer기능인 것이다. 따라서 순환에 문제가 생기면 buffer를 이용해 효율적인 부분을 건드려 (trigger) 주는 정도의 개입이어야 한다. 그래서 인플레이션을 유발시키는 요소로 관리대상이 기술의 발달, 유통의 발달, 인구의 증가가 있는데 특히 유통의 발달은 상앙이 가장 경계하던 것이었다."

"네, 이해가 되네요." 대한이가 고개를 끄덕이며 말했다.

"현실적으로 시장은 항상 균형을 이루지는 못하지. 사람은 이윤이 생기는 곳으로 행동하지만 실제 행동한 결과를 보면 그것이 최선의 행위는 아니지.

이렇게 사회가 불균형을 이룰 때 이 불균형을 없애기 위해 법치주의가 발달하였는데 경제학에서의 아담 스미스이론은 이 법치주의의 관점에 기인한 것이다. 인과응보에서 가장 단기간에 응보를 이루는 것처럼 고전경제는 불균형이 균형으로 신속히 이루어져(보이지 않는 손에 의하여) 시장통제가 자동으로 이루어진다는 것이다. 그 후의 경제학자인 케인즈는 이 불균형이 단기간에 이루어지지 않고 장기간에 시장을 지배한다고 보는 것이다.

스미스	단기간 균형	준자유재	자연주의	법치
케인즈	장기간 균형	경제재	국가통제	관리

경제학의 발달도 준자유재가 많은 시절에는 아담 스미스이론으로 충분했으나 문명의 발달로 경제재가 늘어나면서 필연적으로 새로운 경제원리가 요구되었고 그래서 생긴 케인즈 이론은 위와 같은 경제의 입출력에 기인한 국가적 통제를 필요로 한 것이다.

사회가 불균형으로 이루어진 것과 같이 군중인 소비자는 모이면 특성화가 되어 희망사항과 현실적인 요구가 불균형이 된다. 마케팅은 이런 불균형의 갭을 볼 줄 알아야 한다. 그런데 준자유재가 확대되면 서민에게는 정보의 부족이나 사회의 불균형이 크게 영향을 주지 못한다. 이것이 기본 생활 기반에서의 만인에 대한 균형을 이룰 수 있는 것이다."

"결국 준자유재 확대이네요."

"그래, 그러나 한 가지가 더 있지. 경제에 대하여 다시 생각해 보자. 경제는 경제주체(경제단위)의 입출력에 대한 평등과 효율을 따지는 것이다.

이를 도식화하면

---(입력)---개인---(출력)-----

여기서 입력은 몸통[體]이 되고 출력은 작용[用]이 되는 것이다.

이를 기업과 연계하여 폐회로를 구성하면

--(입력) 개인 --(출력) --(입력) 기업 --(출력)

$$\uparrow \rule{5cm}{0.4pt} \downarrow$$

여기서 개인의 작용(출력)은 기업의 몸통(입력)이 되고 기업의 작용(출력)은 개인의 몸통(입력)이 된다. 개인과 기업은 서로 쌍대변수가 되는 것이다. 즉 개인이 쓰는 것이 기업의 버는 것이 되고 개인의 버는 것은 기업의 쓰는 것이 된다. 일단 경제단위로서의 입출력을 볼 때 흘러 들어오는 것(입력)이 있어야 흘러 나가는 것(출력)이 있다. 특히 개인 입장에서의 **일정한 수입의 정착**이야말로 위의 경제 폐회로를 이루는 가장 기본적인 몸통[體]이 되는 것이다. 여기서 기업의 출력의 일부가 개인의 입력이 되는 것은 임금형태로 이루어지나 개인의 출력이 기업의 입력으로 되는 것은 다양한 형태로 이루어진다.

이것을 잘 정리해야 경제 순환이 잘 이루어질 것이다. 즉 선순환을 이루고 이를 위한 창조적 파괴가 필요한 것이다. 그래서 경제정책에서 가장 중요한 것이 **원활한 흐름**을 만들어 주어야 한다는 것이다. 그러므로 경제의 양호한 흐름을 위해 먼저 화폐의 원활한 유통이 필요하다.

이의 대표적인 예로 중국 제나라 재상 관자가 이야기하는 호화분묘 건립을 들 수 있다. 즉 분묘를 호화롭게 지으려면 많은 석공과 자재들이 필요하고 더불어 이를 생산 운반하기 위한 부차적인 일들이 필요하게 되어 부자의 돈이 자연스럽게 일반 백성에게 흘러들어갈 수 있다는 것이지. 현대적인 이야기로는 소비가 미덕이라는 것이다. 소비라는 것은 소득이 있어야 한다. 그런데 **사람에게 가장 두려운 것은 불확실한 미래에 대한 불안**이며 사회생활을 하면서는 **일정한 수입이 없을 때** 두려움을 느낀다. 만약 공공요금이 오르면, 예를 들어 택시 값이 오르면 버스를 타고 그도 안 되면 자전거를 타는 것이다. 그러나 근본적인 수입이 없으면 수급(버는 것과 쓰는 것)이 맞지 않아 원천적으로 문제를 야기하게 되는 것이다.

사람이 돈에 대한 욕심을 가지는 것은 자기가 평생 살면서 나중에 대한 불안감 때문에 미리 돈을 모아둘 욕심이 생기는 것이다. 만약 노후에도 항상 일정한 적절한 직업이 보장되어 나이에 맞는 수입(최저생활비)이 보장된다면 굳이 욕심내어 미리 많은 돈을 탐할 필요가 없는 것이다(물론 욕심이 너무 과한 사람도 있지만). 이러한 미래에 대한 불안으로 사람들이 취할 수 있는 대안은 부정한 일을 저지르거나 저축 즉 소비 억제인 것이다. 이 두 가지 전부 자본주의사회에서는 부정적인 요소인 것이다. 그래서 평생직업의 개념이 중요한 것이다. 사람들은 만일 현사회가 조기 은퇴되는 사회라는 것을 느낀다면

자기가 젊어서 자리에 있을 때 무슨 행동을 취하겠나?"

"당연히 노후의 불안 때문에 이를 대비하기 위해 부정을 저지를 생각을 더 많이 하게 되겠죠."

"그래, 이 얼마나 비극인가?? 사실 인간은 유목민에서 농경사회로 넘어오며 소유의 개념이 발달하기 시작했다. 미국이 생기기 전의 아메리카대륙은 인디언들이 살았으며 그들은 사냥을 하며 생활을 영위했는데 그날 먹을 것만 사냥을 했지. 즉 축적의 개념이 없기 때문에 사유재산의 개념도 희박했었지. 현대에는 사유재산이 인정되며 여러 부작용이 발생한 것이지.

그래서 연공서열이니 종신 고용이니 하는 것이 문제가 많다고 하지만 그것은 운용을 잘 못하기 때문이다. 회사에서는 (다른 조직도 마찬가지) 작록의 구별을 명확히 하여 녹 즉 봉급은 정해진 연수에 의한 호봉제 역할을 하며 가장 기본급만을 유지시켜 주고 그 다음 공(功)이 있으면 포상을 하여주고 능력이 있으면(청렴하며) 작위 즉 지위를 높여 주는 것이다. 그리하여 조직을 강하게 가져감으로써 지속적인 고용을 유지시키는 것이다."

"그럼 구체적으로 국가의 할 일은 무엇인가요?"

"사실상 현실적으로 사회를 볼 때 모든 사람에게 평등한 분배와 형평을 유지하게 하는 것은 불가능하다. 어떻게 나라 안의 각양각색의 직업과 지위를 가진 사람들에게 균등한 분배가 이루어지게 할 수 있겠는가? 전체적으로 균등한 분배는 불가능하고 또한 준자유재의 무한정한 확대는 돈의 흐름에 문제를 가져오지. 그래서 국가가 조정해 부분적으로 생활필수항목에 대해서는 준자유재화(기초생활비에 의거한 저렴한 가격화)로써 일반 서민의 효율적인 분배를 이룰 수 있게 하고 부자의 경우는 소비를 활성화시켜 판매증가와 생산증가로 경제선순환을 이룸으로써 근로자들의 수입을 유지시켜 간접적인 분배가 이루어지게 한다. 즉 부자의 호주머니가 세제를 통해 일반인에 대한 저수지(buffer) 구실을 하게 하는 것으로 모든 재화(상품)를 두 가지로 분류시켜 적용하는 것이다. 즉 필수품과 기호품으로 필수품은 전 국민이 충족될 수 있도록 국가가 관리하고 기호품은 최대한 자본주의 경제에 의거 경제원리에 따라 움직이게 해야 한다.

필수품	국가통제	준자유재	전매사업	버스	저축
기호품	시장경제	경제재	개인사업	택시	소비

경제행위라는 것이 생산-유통-소비인데 국가가 물가를 관리하는 가장 중요한 요소의 하나가 바로 **유통시장의 관리**인 것이다 (특히 타 물가에 영향을 주는 품목 즉 석유, 밀가루 등…). 그래서 생활필수항목(쌀, 버스비…) 및 기초원료 상품에 대한 유통시장을 국가가 관리하여 퇴직 후나 실직 후에 행해지는 비효율적인 복지성 노후관련정책을 없애고 (실업수당을 주지 말고) 국가 전매사업을 만들어 일반기업에서 퇴직한 사람들은 항상 국가 전매사업에 취업시켜 기본생활을 유지시키며 퇴직자들에 대한 재취업 업체로 활용하여 Buffer 즉 저수지 역할을 하게 하는 것이다.

명퇴 아버지에 청년백수의 가정이 있는 반면에 맞벌이 부부의 가정도 있는 부에 대한 기묘한 구조를 우리나라는 안고 있다.

현재사회는 글로벌 경제이다. 따라서 위의 전매사업은 세계경제와 연관이 적은 자국 내에서만 영향을 줄 수 있는 사업이거나 독과점이 가능한(휘발유 같은) 상품에 실시해야 한다. 이러한 재취업의 기회가 연금제도, 실업제도보다는 훨씬 사람을 더 창조적으로 만든다.

특별한 사유가 없는 한(병 등) **사람은 평생 노동을** 함으로써 노동의 신성함을 깨우치게 하는 것이다(항상 일을 하여야 보수가 있다는 개념을 심어주고 또 그래야 장수한다).

그리고 물가에 대해서는 생활필수항목을 만들어 저소득층이 최소한의 생활을 가능하게 한다(부가가치 면세품목뿐만 아니라).

이를테면 버스와 전철의 가격은 최소 기본으로 유지시키고 택시 등의 가격을 높여서(자유경쟁으로 하여) 부자로부터 많이 걷어 들이게 하는 것이다.

즉 생활필수 소요항목에 대해서는 준자유재로써 모든 국민이 평생 보장을 받을 수 있게 국가가 가격을 통제하고 경제재에 대해서는 가중누진세를 적용 완전 자유시장 경쟁체재로 시장 자율에 따르게 하여 노력의 여하에 따라 획득할 수 있게 하고 이에 대한 잉여 세율분을 생활필수항목의 손실 발생분에 충당하게 해 일정가격을 유지시킨다. 우리나라는 공공요금(가스, 수도…)은 상당히 저렴한 편이나 주택은 상대적으로 비싼 편이다. 그래서 주택도 일정크기 이하의 서민주택은 모든 세제를 면제시키고 그 이상의 가격 주택에 대해서는 보유세를 가중누진세로 적용시켜 시장의 흐름을 원활하게 하는 것이다. 그래서 서민생활에 꼭 필요한 **의료**, **전기**, **가스**, **수도료**, **생필품**, **주택**에 대해 국민들이 누구나가 불편 없이 혜택을 받을 수 있게 한다.

이를 위해 **지속적인 노동유지와 준자유재의 설정**이 필요하다."

"네, 그런데 부정을 저지르는 것이 노후 걱정 때문도 있지만 또 다른 이유는 없나요?"

"사람이 살아가는 데 있어서의 욕구는 생리적 욕구와 사회적 욕구로 나눌 수 있는데 사람의 기본적 욕구인 생리적 욕구가 충족이 되면 사회적 욕구가 생기게 되는데 이는 집단 활동에 있어서의 대인관계에 대해 타인의 수준을 능가하는 것을 목표로 삼는다. 이런 사람들은 리더(LEADER)가 되기를 원하고 사회적 지위가 목표가 된다. 그래서 자기 목표를 달성하기 위해 일부의 사람들이 부정을 저지를 수 있지.

생리적 기본욕구는 사람이 생을 영위하는 데 필요한 것으로서 이에 필요한 최소한의 금액을 '유지비용'이라 명명하면 유지비용이하의 수입원인 사람은 절대적 빈곤을 느끼고 이상인 사람은 상대적 빈곤을 느낀다. 즉 전자는 유지비용에 대한 빈곤을 느끼고 후자는 자기보다 부자에 대한 빈곤을 느끼게 된다. 그래서 전자는 유지비용만큼의 수입원이 되면 행복을 느낄 수 있는데 후자는 최고 부자가 되기 전에는 항상 빈곤을 느끼게 된다. 이것이 극빈층의 나라에서 의외로 행복지수가 높은 이유가 된다. 그래서 국가는 국민에게 기본적으로 유효비용을 충당하기 위해 생필품가격을 낮추고 평생직장을 실현해야 된다는 것이다.

모든 국민의 **중단 없는 근로와 생활유지**, 이것이야말로 개개인의 평화와 장수 그리고 사회 안정의 기본이 되는 것이다. 그래서 국민 한 사람이 한 세대를 이루면 그 세대에게 경제적 책임으로써 '**경제보장번호**'를 부여하는 것이다. 이 번호에 의거해 주택도 필수재 경우는 철저히 1세대1주택을 관리하는 것이다. 한 세대의 경제적 안정을 국가가 관리할 수 있게 함으로써 전 국민의 경제적 안정을 가져다줄 수 있게 하는 것이다."

"네. 그런데 소비가 미덕이지만 언젠가는 자원이 고갈되지 않겠어요?" 대한이가 짐짓 걱정스러운 표정을 하고 물었다.

"현재 경제를 위한 선순환을 이루는 데 중요요소의 하나인 소비위주 사회가 이루어지면 필경에는 농산물과 원자재의 위기가 올 것이다. 그래서 농산물에 대한 기술개발과 품질개량 그리고 원자재는 recycle산업을 발달시켜야 한다. 이러한 재생산업의 발달이 유한자원의 문제를 해결할 것이다.

이와 더불어 부가가치 창조를 해야 한다. 부가가치 창조는 예를 들면 고대에는 불모지를 개간하는 것이고 현대는 기술 개발인 것이다. 또한 글로벌시대를 맞이하여 국가 경쟁력 제고를 위해 대외적으로는 무역흑자를 해야 한다. 그런데 많은 나라들이 무역흑자를 위하여 자국의 통화가치를 낮추는 정책을 시행하고 있다.

이는 자국의 가치를 떨어뜨리는 것이다.

그래서 환율관리를 통한 무역개선보다 기술개발을 통한 대외 경쟁력 강화를 하여야 하며 유통업보다는 제조업을 육성시키고 환율은 수출경쟁국과 연계 변동시키는 수준으로 해야 한다. 또한 대내적으로 금리를 안정시켜 기업 활동(제조업)을 도와주되 물가 정책은 인플레이션 경우 기호품의 가격에만 영향을 주고 생필품 은 기초비로 유지시켜 저소득층의 물가불안을 해소시킨다.

명장이란 싸우지 않고 이기고 싸우면 반드시 이기는 자이다. 여기서 싸우면 반드시 이기는 자는 바로 법가의 부국강병책인 것 이다. 그래서 법가를 채택한 진시황이 넓은 대륙을 통일한 것이 다. 싸우지 않고 이기는 자는 바로 외교와 덕치인 것이다. 관자 의 외교와 부국강병으로 제환공을 패자(覇者)로 만든 것이고 덕 치는 바로 요순의 치세인 것이다. 법가의 부국강병이 중요하지만 상앙의 법치보다는 관자의 법치가 더 합당하다. 즉 법을 먼저 앞 세우지 말고 경제를 먼저 살려서 국민들이 악을 행할 필요를 못 느끼게 하는 것이 우선 중요하다 (즉 평생 사회보장관리가 매우 중요하다). 그 후 그래도 악을 행하는 사람에게는 아주 크게 벌 을 주어야 한다.

사회의 안정은 모든 사람의 균등한 부를 이룩하는 것이다[齊 物]. 그런 의미에서 관자의 치적이 더욱 돋보이는 것이다."

2-6. 선순환의 사회 - 교육

"그러면 법이 잘 제정되고 시행되며 경제가 풍요로워지면 조직이 안정되고 모든 사람이 행복한 삶을 누릴 수 있나요?" 대한이가 물었다.

"정말로 중요한 것이 하나 남아 있지. 법과 경제는 중단기적인 문제이지만 장기적으로 가장 중요한(조직의 장은 급하진 않으나 장기적으로 중요한 것에 가장 관심을 두어야 한다는 것을 상기하며) 교육에 대하여 이야기해 보자. 사실 유태인의 탈무드에서도 가장 강조하는 것이 바로 교육인 것이다.

이는 앞에서 이야기한 **개인적 복리**와 더불어 **사회적 복리**를 이룰 수 있기 때문이다. 그래서 세상이 보다 더 발전하려면,

올바른 **교육** 및 뛰어난 **후계자**(자식, 부하…)가 있어야 하며 **이것이 복리(復利)의 사회발전인 것이다.**

스승이 가장 보람을 느낄 때가 바로 자신보다 뛰어난 제자를 얻었을 때이다(청출어람 청어람 靑出於藍 靑於藍).

탈무드에는 사람이 작별시 가장 좋은 인사는

'당신의 아이들이 당신과 같이 훌륭하기를 기원합니다.'라 한다. 이렇게 사회발전을 위한 사회적복리가 중요한데 역사적으로 과거의 영웅들을 보면 당대에는 뛰어났어도 후계자 구도에 실패한 경우를 많이 볼 수 있다.

그 예를 들면 중국 춘추시대 오패(제후의 우두머리) 중에 첫째인 제환공은 재상의 후임에 대한 관자의 유언을 따르지 않아 후계승계가 적절치 못해 결국 죽어서도 오래도록 장사를 지내지 못하고 부패하게 되었다. 조선 태조(이성계)는 자식들이 서로 죽이는 비극을 보았다. 여기서 조선 세 번째 왕인 태종(이방원)이

중국의 당태종과 상당히 유사한 역사적 사실(개국공신인 동시에 형제를 죽이고 임금 자리에 오른 것)로써 서로를 비교할 수 있는데 개인적인 생각으로는 조선 태종이 더 위대하다고 느낀다.

그 이유는 태종 이방원은 후계자 구도에 가장 성공한 왕으로써 태종은 추후 세종대왕의 치국에 방해되는 인물을 미리 제거하였다(즉 만인을 위해 소수를 제거하였다). 그러나 당태종은 임금의 가장 중요한 업무 중에 하나인 후계자 설정에 실패함으로써 당나라가 측천무후에 의해 멸망당할 뻔했던 것이다. 우리나라 역대 임금 중에서 가장 훌륭한 성군을 세종이라고 하는데 개인적인 생각으로는 태종(이방원)이 더 임금의 자리에 적합하다고 생각한다. 역사상 태종 이방원처럼 후계구도를 성립시킨 왕이 없었다. 세종은 당대에는 태평성대를 이루었지만 역시 후계자 구도가 매끄럽지 못하여 결국 골육상쟁(단종과 세조)의 비극을 낳았다. 이는 임금이 된다는 것이 얼마나 어려운 일인가를 단적으로 보여주고 있다. 미래를 내다보고 예측하며 대의를 위해서는 비정해질 수 있는 용기 등이야말로 TOP일지라도 가지기 힘든 것일 것이다.

야구에 비유하면 세종께서는 홈런을 침으로써 주자를 모두 홈인시킨 반면에 주자들이 모두 없어져버려 상대 투수의 부담을 덜게 하였지만, 태종은 히트를 쳐 주자를 계속 보존시켜 상대투수를 압박해 더 많은 점수를 얻을 기회를 유지시킨 것이다."

"그러면 올바른 교육은 어떤 것인가요?"

"교육이란 받는 사람의 수준을 파악하는 것이 중요한데 우선 이를 위해 방편이라는 것을 알아야 한다. 방편이란 '눈높이에 맞게' 대응을 해 적절한 행동을 취하는 것을 말한다. 그것은 바로 개개인의 구조를 읽어 그에 적절한 조치를 취하는 것이다."

"이해하기 쉽게 이야기해 주세요."

"이해를 돕기 위해 재미있는 우화를 소개해보자. 옛날 어느 나라의 왕이 나랏일을 위해 수레를 몰고 성 밖으로 여러 날 밖에 나가 있었다. 그때 임금의 할머니는 그 왕후가 죽은 뒤에도 아직 살아 있어 백이십 세의 나이로 매우 노쇠해 있었다. 그런데 왕은 효성이 지극해 그 늙은 할머니를 섬기는 것으로써 즐거움을 삼고 있었다. 그러나 어느 날 불행하게도 그 할머니께서는 여러 사람의 간호에도 보람이 없이 갑자기 돌아가셨다. 그때 한 대신이 이렇게 생각했다. '왕께서 이 불행한 소식을 들으시면 얼마나 슬퍼하실까! 어떤 방편을 써서라도, 왕의 슬픔을 덜어드리지 않으면 안 되겠다.' 그래서 그 대신은 수많은 코끼리와 말과 수레를 장식하여 수많은 보물을 싣고 깃대를 벌려 세우고 풍악을 울리면서 상여를 둘러싸고 성 밖으로 나갔다. 꼭 임금의 일행이 돌아오는 도중에서 만나도록 했다. 임금은 이 광경을 보고 마침 가까이 온 대신을 불러서 물었다. '이것은 누구의 공양인가?' '대왕이시여, 이 거리의 장자 아무의 어머니가 돌아가셔서 그 때문입니다.' '그러면 이 코끼리와 말과 수레는 무슨 까닭인가?' '코끼리와 말과 수레가 각각 오백씩인데 이것을 염라대왕에게 보내어 어머니의 생명을 대신하겠다는 것입니다.' '어리석은 일이다. 생명은 멈출 수도 없는 것이요 대신할 수도 없는 것이다. 악어의 아가리에 떨어지면 반드시 죽는 것처럼 염라대왕의 손아귀에 들면 죽음은 면할 수 없는 것이다.' '그러면 높은 스님의 힘으로 구원하겠습니다.' 왕은 웃으면서 말했다. '그것은 다 어리석은 생각이다. 한번 나면 한번 죽는다는 것은 정한 일이 아닌가? 부처님 말씀도 그러한 것을……' 이때 대신은 임금 앞에 꿇어 엎드려 사뢰었다. '대왕이시여, 말씀하신 바와 같이, 모든 생명이 있는 것은 반드시 다 죽는 것입니다. 부디 너무 설워 마소서. 대왕이시여 오늘 태후께서 돌아가셨습니다.'

왕은 이 말을 듣고 매우 슬퍼하며 한숨지었다. 한참 만에 '착하다. 너는 묘한 수단으로써 내 마음의 터짐을 막았다. 너는 진실로 방편을 아는 자다.' 하시고 곧 성으로 돌아가 향화와 등명으로써 태후에게 공양하고 장사를 치렀다. 이것이 진정한 방편인 것이다.

　방편(方便) 방편(方便)이야말로

　남을 가르치는 교육이나

　남에 대한 설득이나 이러한 모든 대인관계에 있어서

　가장 중요한 수단인 것이다.

　건축도구를 두루 갖춘 사람은 여러 재료를 적재적소에 사용해 훌륭한 건축물을 만들지만

　톱만 가지고 있는 사람은 모든 물건이 나무와 나무 아닌 것 두 가지로만 보이게 된다.

　사람을 쓰는 것도 마찬가지이다. 한쪽 면만 보지 말고 모든 방편에 맞추어 이끌어 가면 되는 것이다. 원래 하늘이 만물을 내실 때는 다 쓸모를 정해 놓았다. 그런데 사람들이 그 이치를 모르고 악용(惡用)하는 바람에 세상이 혼잡해진 것이다. 착한 사람, 어진 사람만이 쓸 만한 사람이라는 것은 그릇된 것이다. 모든 사람이 다 쓸모가 있는 것이다. 그러면 어떻게 써야 하느냐가 바로 문제가 되는 것이다.

　사람이 가지고 있는 능력이 한 면에서 볼 때는 단점이 되지만 다른 면에서 볼 때는 장점이 된다. 이 장점이 되는 면을 잘 활용하면 되는 것이다. 그래서 아이를 잘 기르는 요령은 바로 치인(治人)의 요령인 것이다. 즉 치국평천하(治國平天下)를 하려면 먼저 제가(濟家-집을 다스림)를 할 줄 알아야 그것이 바로 치인(治人)의 도(道)로써 치국평천하(治國平天下) 할 수 있는 근본임을 깨달아야 할 것이다.

　그러므로 군자(君子)는 치인(治人-조직을 다스리는 사람)이

될 수 없다는 것이다. 군자는 아이를 기를 때 그 **아이의 단점을 싫어하는 바람에 그 애의 장점을 제대로 못 본다.** 장점을 칭찬하여 주면 누구나가 좋아하지만 단점을 지적하여 주면 좋아하는 사람보다 싫어하는 사람이 더 많아 인간관계에 불신이 생겨 더욱더 고치기 힘들다. 좋아하는 말(馬)의 등에 모기가 있다고 모기를 잡으려 말 등을 치면 비록 의도는 말을 위한 것이었지만 정작 말은 친 사람을 싫어하게 된다. 사람도 마찬가지인 것이다. 또한 **칭찬(주主)은 길게, 꾸중(부副)은 짧게 하여야 하는 것이다.** 칭찬은 길게 하여 선순환시키고 꾸중은 짧게 해 없애는 것이다.

중국 제나라 때 관자가 병들어 누웠을 때 제환공은 재상이 될 만한 사람을 물었는데, 관자는 자기와 가장 친하며 능력 있는 포숙아를 제치고 다른 사람을 거론한 것이었다. 보통의 경우라면 누구나 친구를 천거하는 것이 당연한데 관자의 대답은 참으로 의외의 것이었다. 놀란 제환공이 그와 가장 가까운 포숙아를 거론하자 이에 대한 관자의 대답은 '포숙아는 군자이기 때문에 정치를 못합니다. 그는 선악이 지나치게 분명합니다. 선을 좋아하는 것은 훌륭한 일입니다만 그만큼 악을 미워합니다. 그러니 그의 밑에서 견디어낼 사람이 얼마나 되겠습니까? 만일 누가 나쁜 짓을 했다면 그는 평생 그 사람을 미워합니다. 이것이 그가 정치를 할 수 없는 까닭입니다.'라고 하였다.

조선시대에 인수대비란 분이 계셨다. 이분은 머리가 명석하고 학문에도 조예가 깊어 '내훈'이란 책도 쓰셨다. 그런데 이분의 둘째 아들이 바로 성종이시다. 성종께서는 훌륭한 어머니 밑에서 엄격하게 교육을 받아 나중에 성군이 되셨다. 그런데 연산군에 대해서는 역시 똑같이 교육을 하셨지만 폭군이 되었다.

그것은 인수대비가 군자이기 때문에 항상 군자의 도리를 강조하고 그러다 보니 그에 못 미치는 연산군에 대해서는 못마땅하게 생각하고(물론 다른 여러 이유가 있었지마는……) 결국은 폭군이된 것이다. 만약 연산군에 맞는 방편을 활용하여 가르쳤더라면 달라졌을 것이다. 성종은 자질이 뛰어났으므로 처음부터 성군의 길을 가르쳐도 가능했지만 연산군은 처음에는 사람의 길을 가르친 후에 성군의 길을 가르쳐야 했던 것이다. 즉 교육이란 일종의 관리인 것이다. 훌륭함을 강요하기보다는 배우는 사람 입장에서의 올바른 관리를 통한 교육이 참된 교육인 것이다."

"정말 중요하네요. 교육에서 또 다른 중요한 것은 없나요?"

"또한 교육이란 본인(배우는 사람)이 자기합리화된 상태에서는 아무리 교육을 시켜보아야 의미가 없다. 이는 서로가 다른 관점에서 이해하기 때문이다. 교육이 가장 효율적이기 위해서는 본인이 잘못한 바로 그 현장에서 지적하여 본인이 스스로 인정할수 있게 하여야 한다. 만약에 그 시점과 장소를 지나쳐서 나중에지적을 해보면 본인은 이미 자기합리화된 상태이기 때문에 교육의 효과가 없을 뿐만 아니라 선생과 제자, 부모와 자식 간에 의만 상하게 된다. 또한 교육에 있어서는 부모가 자녀를 이기고 지배하여서는 안 된다. **교육에서의 주(主)는 자녀여야 한다.** 부모는 부(副)로써 자녀를 도와주고 조언해주는 입장이어야만 하는것이다. 더 나아가 부모가 직접 보여주면 은연중에 자녀가 배우게 되는 것이다. 즉 **가장 좋은 교육은 스스로 보여주며** 여건과환경을 조성해 주는 것이다. 이것은 카운슬러의 기법과 같다.

선행을 하는 부모의 자식은 착한 아이가 되고 공부하는 부모의 자식은 우등생이 되는 것이다. 교육이나 조직관리 같은 윗사람과 아랫사람이 확연히 구별되는 구조에서 윗사람 즉 부모나 조직의 장(長)이 가장 처음에 해야 할 일은 교육이나 업무에 관한일이 아니다. 우선은 자식이나 아랫사람으로부터 믿음을 얻어야한다. 밑의 사람이 믿고 따라 주지 않으면 어떠한 기술적 대가라도 그 조직(가족도 소규모 조직)을 관리할 수 없으며 또한 밑의 사람 입장에서도 상사가 자기를 믿어주길 바란다. 그 이유는 서로간의 믿음을 얻는다는 것은 **상대방의 존재를 인정해 준다**는 것이다. 즉 사회의 기본조언인 것이다. 직장생활에서 가장 힘든 것이 상사가 자신을 불신하는 것이다.

이에 대해 좋은 예를 들려주지. 옛날에 어떤 사람이 가정교사 의뢰를 받았다. 그런데 그 집 아들은 무지하게 망나니라서 항상 부모님의 골칫거리였다. 그래서 부모님이 가정교사한테 부탁한 것은 공부는 고사하고 사고 치며 도망 다니는 것이나 막아주기를 바랐다. 그래서 가정교사는 승낙을 하고 그날부터 공부를 가르치기 위하여 그 집을 갔으나 그 아들이 역시 어디 가고 없었다. 이리저리 수소문한 끝에 동네 만화방에 간 것을 알아내고 직접 만화방에 찾아갔다. 만화를 보고 있는 그 아이의 곁으로 다가가서 이렇게 이야기하였다. 즉 이곳은 좁고 불편하니 이왕 볼 거 수십 권 빌려 집에 가서 보자는 것이었다. 그 학생은 깜짝 놀랐으나 별로 나쁜 제안이 아니라서 만화책을 수십 권 빌려 집으로 가져가 가정교사와 같이 만화를 보았다. 이렇게 여러 날이 지나니 사고 치며 도망가는 버릇이 없어졌다. 즉 가정교사와 (인간적으로) 친하게 된 것이다[先信]. 그 후 학생에게 조금씩 공부에 대해 하여야 된다는 것을 인식시켰고[取志], 그 후 학생은 공부에 취미를 붙여 열심히 한 결과[行事] 좋은 성적을 받았다고 한다. 이 이야기(내가 어느 방송에서 들은 이야기지만)가 시사하는 것은 믿음이야말로 모든 행위의 최우선 순위라는 것이다.

먼저 믿게 하고 그 뜻을 취한 후에 일을 도모하라.

'(先)信후 (取)志하고 (行)事하라'

이것이야말로 조직 및 교육 관리의 기본인 것이다."

"그러면 실제로는 어떠한 교육이 필요한가요? 우리의 교육은 너무 재능 키우기에만 치중되어 있는 것 같아요."

"그래, 사실 그것이 제일 문제다. 우선 어린 시절에 가장 중요한 교육은 본인이 잘못했을 시

부끄러움을 느낄 줄 알아야 하고 그 잘못을 고치는 **용기**가 필요하게 된다. 부끄러움을 아는 마음과 용기, 이 두 가지가 모든 교육의 선결과제이다. 그래야 덕승재의 인간형이 형성될 수 있는 것이다. 사실은 교육은 백년지대계이기 때문에 국가적인 차원에서 관리를 해야 하는 거야. 과거 유태인이 로마의 침략을 받아 멸망하기 직전 로마 사령관이 유태인 현자에게 파괴하지 않을 한 곳을 말하라 했을 때 그 현자는 교육도시를 파괴하지 말기를 요구하였고 그 요구는 받아들여져서 유태인의 교육에 대한 맥이 이어져 다시 나라를 세우게 된 것이지. 그래서 우리나라 교육도 교원의 질은 유태인 랍비처럼 존경받을 수준으로 격상시켜야 하며 이를 위해 교원을 위한 사회지위보장법, 경제보장법, 교육과정심화법 등을 갖추어야 하고 학생을 위해서는 도서관의 시설(특히 자습실)확장, 도서관 수 증가, 연중무휴 시스템 구축, 도서(책)의 완벽한 구비 등을 반드시 이루어야 우리의 미래가 밝게 되지."

"네, 알았습니다. 그런데 위에서 언급한 세 가지 항목(법, 경제, 교육)은 어떤 조직이든 다 해당되는 이야기인가요?"

"당연하지. 우선 우리가 가정이라는 조직을 생각해 보자. 사람의 능력은 덕과 재(才)로 나눈다고 이야기를 했는데 부모 중에 **재능**이 있는 사람은 경제(직장)적 활동을 하고 **덕**이 있는 사람은 자녀의 교육을 위한 활동을 해야 하는 것이다. 이것은 그렇게 하는 것이 효율적이기 때문이다. 그런데 (자녀의) 교육에 관해서는 여성의 역할이 중요하며

이것은 **어머니로써 행하는 것이 가장 효율적**이기 때문이다.

인간의 육체와 정신에 대한 발달은 태어난 후부터 10살 전후해서 거의 형성이 된다. 시력 및 치아 등의 건강이 이 기간에 결정되고 아이의 소질들이 발굴된다. 이 시기에 아이와 가장 가까이 있는 사람이 어머니이기 때문이다. 우리가 과거 위인들의 전기를 보면 그 어머니의 역할이 얼마나 중요한가를 확연히 느끼게 됨을 알 수 있다. 이렇듯 모든 만물은 자기의 본연의 자리가 있고 역할이 있는 것이다. 왜냐하면 그래야 평등하고 효율적이기 때문이다."

"그럼 후계자 선정에 성공한 경우를 이야기해 주세요."

"그 예를 들기 전에 먼저 한 시대의 집단조직을 위한 구조 구축의 단계를 생각해 보자. 이는 흔히 창업과 수성으로 이야기할 수 있는데 이를 시작-구축-유지의 세 단계로 보고 과거의 역사를 비교해 보면 표와 같다. 여기서 구축단계(옹정제, 하드리아누스, 태종)에 해당하는 왕들은 전부가 제위를 물려받을 때 비정상적인 방법을 사용한 것을 알 수 있는데, 이는 한 집단의 구조를 확립하기 위해서는 악역(惡役)이 필요할 수도 있다는 것을 보여준다. 이러한 것들이 결국은 사회 조직의 영속성을 위한 것인데

그래서 복리의 인생을 위해서는 개인은 부지런함을,

사회는 올바른 후계자 선정을 최우선으로 해야 한다.

창 업	시작	구축	유지
청나라	강희제	옹정제	건륭제
로마5현제	트라야누스	하드리아누스	안토니누스
조선	태조	태종	세종

따라서 공자께서 요순시대를 극구 칭찬한 이유 중의 하나가 바로 후계자 선정에서 뛰어났기 때문이다. 이 모두가 후계자 선정이 얼마나 중요한가 또한 교육의 중요성을 말해주는 것이다.

삼라만상을 구성하고 있는 모든 생물이 현재까지 그 종족을

유지하는 것은 바로 그들의 후계자인 종족 번식에 성공했기 때문이다. 이는 생명뿐만 아니라 무생물인 집단, 조직에 대해서도 마찬가지인 것이다. 이것이 바로 적자생존의 원리이며 개인 및 집단에 대한 **복리의 힘**인 것이다. 그러므로 조직이란 질서이며

　이에 질서에 관한 **자연의 실행조언 즉 주와 부의 역할 수행과 주(선인,이익,칭찬)는 길게, 부(악인,손해,꾸중)는 짧게** 함으로써 질서를 지켜 우리가 사는 사회가 법과 경제와 교육이 잘 이루어져 평등하고 효율적인 가정과 국가로써 모든 사람이 행복한 삶을 누릴 수 있게 되어야 한다. 법은 가장 단기간에 사람을 관리할 수 있으며 그 다음은 경제의 발달로 중기적으로 사람의 예의를 세울 수 있게 하고 마지막으로 장기적으로는 교육이 가장 중요한 것이다. 교육이 가장 중요하다는 것은 도덕에 대한 원인 제공으로써 이는 탈무드를 기본으로 한 유태인의 (국가가 없었던 경우에도) 각개인의 성공을 보면 잘 알 수가 있다. 요약하면

　치국(治國 조직 다스리는 법)이란

　1. 공(功)에는 **재물, 능력**(+덕)이 있을 때 **관직**을 준다.

　2. 능력이 없으면 **전임**의 **법도**를 **답습**한다.

　3. **후계구도**를 확실히 한다."

부록: 명심록(銘心錄)(★은 추가된 내용임)

좋은 글을 단순히 읽고 이해만 해서는 안 된다.
수없이 읽고 암송하여 완전히 자기 것이 되어도
실행하기가 힘든 법이다.

부록 1. 삶의 지혜

*.인생이란 자전거 타기와 같다. 자전거에 올라탄 순간 페달을
계속 밟지 않으면 넘어진다.

*.**선순환**을 일으키는 것이 선이요,
악순환을 일으키는 것이 악이다. 세상에 공짜는 없다.

*.가장 나쁜 악은 잘못한 줄 모르는 것이고
가장 좋은 선은 착한 일한 줄 모르는 것이다.

*.결과가 좋아야 한다. 결과가 나쁘면 과정을 점검하라.

*.좀 더 좋은 것은 이전의 좋은 것에 대한 행복을 빼앗는다.

*.실패는 자신이 뭘 모르는지도 몰랐던 것을 알려준다.

*.사과를 하지 않음은 그 잘못(죄악)을 되풀이한다는 것이다.

*.칼날을 잡고 휘두르면 자기 손만 베인다.

*.방해가 되는 충고는 방해만 될 뿐이다.

*.거짓은 모든 죄악의 시발점이다.

*.자만은 배우길 포기한 자의 특징으로 패망의 시작이 된다.

*.아무리 좋은 사람도 이익이 안 되면 친구가 되지 못한다.

*.인과법칙에는 상계(相計)가 없다. 나의 악행A가 나의 선행B로
없어지는 것은 아니다.

*.사람이 변하기란 도끼를 갈아 바늘이 되는 것만큼이나 힘들
다. 그러니 노력하고, 노력하고, 또 노력하라(再悟三修).
**복리(複利)의 위대성은 부지런함에 있다. 안다고 끝이 아니라
아는 것의 꾸준한 훈련(discipline)**이 중요하다.

-.선행이란 마음을 맑게 하는 성질이 있다. 그래서 지혜를 얻을 수 있는 것이다.

-.모든 사람은 각자만의 시야(scope)각(角)이 있다. 자신의 시야에서 옳으면 옳은 것이다. 희대의 살인적인 킬링필드의 주역인 폴 포트의 경우에도 자신이 생각하는 행복한 이상국가를 설립하려 했었고 그 과정에서 일어나는 일부 나쁜 짓은 어쩔 수 없는 일이라고 생각한다.

-.사람은 평생 자신이 화내는 모습을 보지 못한다. 그래서 항상 자신은 올바르게 행동한다고 믿고 있다.

-.좀 더 좋은 것을 경험하면 이전의 좋은 것과 비교되고 그것들의 차이가 욕망으로 표출된다. 흑백tv가 나왔을 때 너무 좋고 신기했는데 컬러tv가 나오니 흑백tv는 시시해졌다.

-.**공부의 왕도는 많은 문제를 푸는 것(훈련)**이다. 자신이 안다고 생각하는 것들도 실제 시험에서는 틀릴 수 있다. 시험의 오답(실패)은 이러한 자신의 수준을 정확히 알려준다.

-.자식을 키우는 것이 가장 어려운 것의 하나이다. 자식에게 어떤 교훈이나 훈계를 하기 전에 우선 자식이 자신의 말을 들을 여건이 구비되어 있는지를 확인하라. 부모 자신은 부족하면서(칼날을 손에 잡고), 또는 자식이 아직 받아들일 준비가 안 되었는데 설교를 시작하면 자신의 손만 베이게 되고 더 나아가 자식에게 상처를 남기게 된다(부모가 부족한지 아닌지는 부모 입장이 아닌 자식 입장에서 판단해야 한다).

-.떨어지는 돌을 쫓아가 맞지 마라.

-.총을 가지고 싸우는 곳을 가야 한다면 반드시 방탄조끼도 입어라. 상대방도 총을 가졌을 것이므로.

-.내가 이기려 할수록 상대방의 저항이 더 거센 법이다.

-.거짓말을 하면 그 이후의 어떠한 참말도 거짓으로 들린다.

★운명과 노력

> **포기**란 불가능한 것은 하지 않고 가능한 것은 노력하는 것
> **체념**은 불가능한 것과 가능한 것 모두 어렵다고 안 하는 것

자연과 인생에는 우월한 힘이 존재한다. 그래서 태생적으로 차별이 존재한다. 그것을 우리는 운명이라고 한다. 이것은 처음 태어날 때부터(가난한 집, 부잣집) 그리고 살아가면서 전혀 예기치 못한 불행 또는 행복이 존재한다는 것이다.

이러한 우리의 능력으로 어쩔 수 없는 것들에 대해서 가장 좋은 방법은 포기하는 것이다. 즉 운명으로 받아들이는 것이다. 대신에 **내가 할 수 있는 것**에 대해서는 최대한 노력을 한다. 좋은 대학에 들어가는 것은 물론 부잣집 아들로 좋은 학원과 과외를 많이 받은 아이가 유리하겠지만 가난해도 자신이 노력하면 얼마든지 좋은 대학(성취)에 갈 수 있다.

<u>포커</u> 게임에서 나쁜 패가 들어와도 이길 수 있는 것이 인생이다. 성공한 사람들이 모두가 좋은 집안 자식은 아니다.

포커를 잘 치는 친구의 비법은 딱 한 마디 '죽을 뚱, 살 뚱을 알아야 한다.'라고 한다. 죽을 패라 생각하면 과감히 포기하고, 살 패라 생각하면 과감히 가는데, 여기서 죽을 패인지 살 패인지를 잘 아는 것이 중요하다 했다. 죽을 패인데도 포기하지 않고 끝까지 가거나, 살 패인데도 일찍 포기하는 것이 하수의 특성인 것이라 했다.

인생이란 운명은 **자신의 성격이 90%**이다.

성공을 원한다면 먼저 자신의 성격을 바꾸어라.

긍정적으로…… 그리고 계속 노력하라. 자만하지 말고

노력하면 쉬워지고 쉬워지면 즐거워진다. 이것이 인생 비결이다. 끊임없이 노력하는 사람에게는 하늘도 못 당한다.

부록 2. 자연의 원리

1. 자연의 원리와 법칙

-1. 자연의 기본: MAGIMIN

자연의 불변하는 기본이법은 평등이다. '1-1=0'이다. 그런데 여기에는 시차가 따른다. 예를 들어 돈을 빌리자마자 바로 갚아버리면 '차용'이라는 행위가 이루어지지 않고, 일정한 시간이 지난 후(시차)에 돈을 갚아야 '차용'이라는 행위가 발생된다. +1(빌림)은 -1(갚음)로 '+1-1=0'이 되지만 시간의 관념에서 보았을 때 '+1-1'과 '0'은 완전히 다른 것이다(+1-1≠0). 여기서'+1-1'은 시차 발생으로 유위(有爲)가 되는 것이고 '0'은 행위를 하지 않은 무위(無爲)가 됨.

여기서 우리는 유위(有爲)인 (음)*(양)을 MAGINMIN이라 부르고 무위인 '0'을 sub-MAGIMIN(약식으로 sMAGIMIN)이라 부르기로 하자. 이를 더욱 확장하면 n-n=0-n+n(0인 무위에서 빌려주었다[-1] 다시 받는 것[+1])의 형태가 되고 음(-n)을 N, 양(+n)을 P라 하면 현상계(有爲)는 MAGIMIN M=P*Ms×N로 표현할 수 있다. 세상의 모든 것= 음개념과 양개념의 결합

1-1-1.쌍대원리: 세상은 안정과 자유의 **상충**적(trade-off)

이중쌍대구조(MAGIMIN 형식)를 가진다.

MAGIMIN) M= 음N*태극*양P= P*Ms∘N(Ms: subMAGIMIN)

예)차용: 나는 돈을 빌림 - 너는 돈을 빌려줌

청산: 나는 돈 돌려줌 - 너는 돈 돌려받음

정의)1.정(靜)적 평형: 무(無)변화, 무위태극

2.동(動)적 평형(平衡): 단조화, compact공간

3.동(動)적 편향(偏向): 편조화, bias공간

예)'+1-1 =0'에서, 0은 정(靜)적 평형,

'+1-1'은 동(動)적 **평형**, '+3-1+4…' 는 동(動)적 **편향**

설명: 빌려줌에는 빌리는 사람과 빌려주는 사람 간에 어떤 관계가 있어야 한다. 이런 관계를 **연결**이라 하고 쌍대 발생을 **사건**(event) 즉 동(動)적 변화라고 한다. 사건은 연결이 형성된 후 발생된다.

*위와 같이 쌍대원리(너의 불행이 나의 행복)도 이중 발생(차용과 청산)이 되어야 한다.

*진정한 평등은 위 이중쌍대행위가 역(逆)으로 다시 반복(즉 내가 빌려줌의 경우)되어야 한다.

*과학적으로 안정은 최소에너지, 자유는 최대엔트로피를 의미한다. 즉 세상은 최대한 자유로워지기를 그리고 에너지 소비를 최소화하기를 원하는 이중 쌍대구조이다

1-1-2.쌍대 대치(對峙)의 원리: 정(靜)할 때 연결된 두 쌍대 개념은 서로 같은 양으로 대치 관계를 형성한다.

 - 세상은 동(動)하지 않으면 아무런 변화가 일어나지 않는다. 이것은 외부에서 볼 때 아무 변화가 없는 평형으로 보이더라도 동적 평형이 있을 수 있다. 즉 정적 평형과 구별된다.

예)사람의 피부에는 아무것도 없는 것이 아니라, 유익균(有益菌)과 유해균(有害菌)이 대치되어 있다(서로 동적 평형을 이루고 있다).

1-1-3.유위(有爲)의 원리: 대립되는 쌍대의 차(差)가
유위(有爲)를 만든다.

예1)상처 등의 이유로 피부에 유해균이 증가하면 균형이 깨지게 되어 병이 발생된다.

예2)위의 차용 예에서 돈의 빌림은 (연결된)양자 간 돈의 보유의 차이 즉 빈부차이가 있을 경우 발생된다.

*차이가 없으면 아무 것도 발생되지 않는다. 이러한 상태를

주역에서는 태극(太極)이라고 한다. 차이가 생겼을 경우 움직임 즉 변화가 발생되는 것이다.

예)바람이라는 움직임이 발생되는 것은 양 지역의 기압의 차이가 있을 경우 발생된다.

*연결관계가 있는 두 상대는 서로 대치관계로 있어 양 힘이 같을 시 평형상태, 한 쪽이 우월 시 불균형(파괴, 病 등)이 발생된다.

예)송판 격파의 경우 손이 강하면 송판이 격파되고 송판이 강하면 손을 다치게 된다.

1-1-4. 역치 원리: 모든 반응은 역치(threshold)를 갖는다.

예)바람이 발생되는 것은 기압의 차이 때문이나 기압의 차이가 아주 적은 경우에는 발생하지 않는다. 그 차이가 일정한 값(역치 閾値)이 되어야 발생되는 것이다.

1-1-5. 적량(適量)의 법칙: 모든 반응은 적정 양(量 dose)이 존재한다.

예)약(藥)과 독(毒)이 따로 있는 것이 아니다. 독초도 적정량만 사용하면 몸에 이로운 풀이 된다(예: 부자)

1-1-6. 구조의 세계(世界)성: 극대의 세계와 극미의 세계 모두 동일한 형식의 MAGIMIN구조를 가진다.

예)닫힌계(단조화) 안에 열린계(편조화)가, 열린계 안에 닫힌계가 존재한다.

1-1-7. 효율과 복리: 먼저 손해 보면 나중에 더 큰 이익이 돌아온다(시간에 대한 이득 - 복리).

예)시간의 이득은 복리로 돌아온다. 지금 노력 또는 선행이 나중에는 시간의 복리로 인해 더 큰 이득이 돌아온다. 중고교 시절에 먼저 열심히 공부한 사람이 나중에 사회에서 더 큰 이득을 취할 수 있다.

164

-2. 평등의 힘(단조화: Compact)

　단조화 구조(**평등**과 **보존**의 원리): 닫힌계에서는 단조화의
　　　행위가 이루어진다(compact성).

1-2-1. ★**평등성**(compact 컴팩트)원리

　　　　: <u>자연은 경계성(compact)을 갖는다.</u>

　　　닫힌계는 단조화로 평등한 존재가 경계성을 갖는 구조
　　　이다. 자연(세상)은 평등과 불평등을 반복하지만 결국
　　　평등으로 수렴한다.

　　예)은행의 일생(一生): 처음 은행을 설립할 때는 자본금이
　　　유입되어 들어온다. 이것은 양(陽 +)의 편조화를 형성
　　　한다. 그러다가 어느 정도 자본금이 모이면 은행 업무
　　　를 시작하여 일정 금액이 상한선 또는 하한선의 경계
　　　에서 금전의 입출금 업무가 진행된다. 즉 단조화의
　　　compact공간이 된다. 그러다가 금융 사고가 터져 예탁
　　　금이 급격히 빠져 나가면 음(陰 -)의 편조화를 형성해
　　　생주변멸의 사이클이 완결된다.

　　　★인간의 일생: 초년기에는 양(+)의 편조화로 성장하다
　　　가 청/장년기에는 일정한 경계를 가지는 compact공간
　　　이 형성되고 노년에는 음(-)의 편조화로 쇠락해진다.

1-2-2. 완충(Buffer): 단조화 유지를 위해서는 이상 발생대비
　　　완충장치(임시 저장소)가 필요.(시간에 대한 조정)

　　예)가뭄을 대비하기 위해서는 저수지가 필요하고 흉년을
　　　대비하여 쌀을 비축할 필요가 있다.

1-2-3. 뭉침(클러스터) 원리: 닫힌계는 긴 시간 많은 시료 경
　　　우 평등[보존]하지만 **짧은** 시간(주로 초기) **적은** 시
　　　료인 경우 집단적으로 뭉치는 **불평등**이 **지배**한다.

　　예)홀짝게임을 할 때 이상하게 처음에는 홀 또는 짝이

몰아서 발생한다.

1-2-4.에너지(손익)최소 소비의 원리:

세상(삼라만상)은 **안정**한 것을 원한다(최소에너지).

1-2-5.동조화: 에너지 소모를 극소화하기 위해서 동조화 현상
이 일어난다.

설명)쌍대원리가 평등으로의 이중쌍대원리를 만족하기
위해서는 시간의 흐름이 요구되나 사람은 이러한 시간
의 필요에 대해 참을성이 부족해 자신의 손실을 최소
화하려는 행위를 하는데 그것이 동조화로 나타난다.

예)-.미인(美人)이 먹다 남긴 빵은 깨끗해 보이고 못생
긴 사람이 먹다 남은 빵은 불결해 보인다.

-.부엌의 싱크대 수돗물은 먹을 수 있으나 화장실의
수돗물은 먹을 수 없다(전부 정부의 수도국에서 정
수해서 보낸 물).

-.청소하지 않은 식탁보다 화장실 변기가 더 더럽다
(실제는 변기가 더 깨끗하다).

1-2-6.오해는 쉽고 이해는 어렵다(이해하는 데는 많은 에너지
가 필요하다. - 그러니 적극적인 이해를 구하는 것이
꼭 필요할 때가 있다).

예1)항상 먼저 화를 낸 후에 나중에 다시 생각해 보면
오해했다는 사실을 깨닫게 된다.

예2)서로 선의로 하는 말도 오해에 의해 다툼이 생길 수
있다. 그러니 충분한 설명이 필요할 때가 많다.

-3. 우월한 힘(편조화: Premium)

편조화 구조(불평등의 구조)

: 열린계에서는 <u>방향성의 행위</u>가 이루어진다(bias성).

예)주식은 외부 세력이 들어올 수 있는 열린계이므로 한 방향으로의 상승 또는 하락이 발생된다.

1-3-1.우월자(premium 자연이익, 우월한 힘)원리

  -.Host(주체)는 premium(우월이익)을 갖는다.

  -.Guest(객체)는 Lucky(뜻밖이익)를 갖는다.

  -.자연(또는 사회)은 우월한 힘에 의해 진행된다.

열린계는 편조화로 우월존재가 프리미엄을 갖는 구조이다. 자연(세상)은 평등과 불평등을 반복하고 그것은 우월한 것이 있기 때문이다.

실행)우월자 의지를 확인해 Lucky(end마켓)를 노려라.

예)주식은 우월자의 매매동향을 살펴라.

예)카지노의 게임은 주인(Host)이 전체적으로 보았을 시 확률적으로 이익이 나게끔 게임 구조를 가지고 간다.

  -홀짝게임에서 '0' 또는 '00'인 경우 딜러가 이기도록 하여 51% 이상의 승률이 나오게 한다.

즉 카지노 주인은 우월자 이익을 갖는 반면에 잭팟을 터트린 손님은 뜻밖의 이익을 가질 수 있다.

편조화	우월이익	뜻밖이익
카지노	주인, 51%의 상시승률	잭팟 터진 사람
로또	판매자	당첨자
주식	증권회사	최저가 구매자

1-3-2.★선(先)상인(上引)원리: 기간에서 극대/극소값이 존재 시 편조화 방향의 극대 또는 극소값이 먼저 움직인다.

예)계절의 환절기에서 겨울에서 봄으로 넘어갈 경우는 높은 기온 쪽이, 여름에서 가을로 넘어가는 경우는 낮은 온도 쪽이 변화한다.

1-3-3.사행(蛇行)원리: 머리(극대)와 꼬리(극소)가 있는 것은

동시에 일직선으로 이동하지 못하고 마치 뱀이 꾸불거리며 진행되는 동작으로 전진된다.

시위를 떠난 화살이 날아가는 모습도 저속 동영상 카메라로 보면 역시 같은 모양이다. 이것은 머리와 꼬리가 주변 여러 인자의 영향으로 동일 속도가 안 되기 때문이다. 그래서 편조화의 구조에서는 모양이 사행(蛇行)의 형태를 가진다.

사행은 멀리 뛰기 위한 행위이며 따라서 사행에는 도움닫기(조주 助走)가 존재한다.

예)주식이 급등할 경우(편조화 경우) 역시 곧바로 일직선으로 상승되는 것이 아니라 극대 극소를 형성하며 상승형태를 가진다.

부칙)극대 우선법칙: 편조화 경우 머리(極大)가 먼저 이동한 후 꼬리(極小)가 따라간다.

1-3-4.호민악둔의 원리: 편조화 경우에는 그 방향으로의 호재(好材 이익이 되는 사건이나 정책)에는 민감하고 악재(惡材 손해가 되는 사건이나 정책)에는 둔감하다.

예)과거 대선 때 한 후보에 대하여 악재가 발생되었을 때는 얼마 안 가 흐지부지 되다가, 호재가 발생하니 인기가 급등하였다. 결국 그 후보가 당선되었다.

1-3-5.마중물 원리: 큰 이익을 위해서는 약간의 희생(미끼)이 반드시 필요하다. 그런데 작은 미끼는 잡지 못하고 빼앗기기만 할 수 있으니 상대에 적절한 미끼 크기가 중요하다.

예)옛날 수동식 펌프에 물을 얻기 위해서는 처음에 반드시 소량의 (마중 priming)물을 넣어 펌프질을 하여야 물이 올라온다.

예)물고기를 낚기 위해서는 미끼가 필히 필요하다.

1-3-6.애버런치효과(Avalanche 눈사태효과): 편조화에서 일정
　　방향성에 대해서는 프리미엄효과로 진행되지만 그것
　　들이 조정을 받지 않고 쌓일 경우 언젠가는 급락의
　　눈사태가 발생된다.

　　예)자주 작은 산불이 나지 아니하면 나중에는 이것이 누
　　　적되어 대형 산불(애버런치)이 발생된다.

　　예)주식이란 속성(인플레, 경제발전 등)상 상승의 프리
　　　미엄으로 진행되지만 조정이 없는 경우 누적 시 일정
　　　기간 후에는 세계적 경제공항을 유발할 수 있다.

1-3-7.결과 우선의 법칙: 미리 프로그래밍 한다는 것은 결과
　　를 예측하라는 것이다. 결과를 나타내는 프로화일을
　　주시하고 징후가 보일 경우 우월적 힘의 작용 여부를
　　확인하여야 한다.

손익(에너지)관련 법칙

1-3-8.★동력(動力 driving force): 동력은 두 에너지의 차로
　　발생한다. 즉 에너지 자체만으로는 동력 발생 불가

1-3-9.악재 우월의 원리: 악재는 선재를 몰아낸다.
　　그것은 악재가 에너지소모 극소가 되기 때문이다.
　　예)악화는 양화를 구축한다.

1-3-10.실행의 두 방편(方便): 자연계에서 실행이 이루어지는
　　경우 에너지 효율을 높이기 위해 두 방편을 사용

　*.분류(를 통한 정리-화일링filing): 정보나 역할을 기능
　　별로 구별하여 필요시 선택하기 쉽게 하는 방법

　*.쌓기(를 통한 정리-파일pile): 사용빈도가 높은 것은
　　맨 위에, 빈도가 낮은 것은 맨 밑으로 놓아 실행에
　　대한 접근(access)을 효율적으로 하는 방법

예)1.회사에서 자료를 정리할 경우 바인더를 통해 정리 보관한다(filing). 반면에 긴급한 사안은 책상 위에 놓고 수시로 본다(pile).

2.컴퓨터에서 메인메모리(주기억장치)에는 대용량 기억소자를 위치해 폴더 설정을 통해 필요한 자료를 검색 발취하기 편하게 한다(filing). 반면에 사용 빈도가 아주 높은 자료나 프로그램의 경우는 속도가 빠른 메모리를 따로 설치해(캐시메모리) 즉각적인 자료 호출(pile)을 가능하게 하여 컴퓨터의 전체적 속도를 향상시킨다.

정리 방법	파일(pile)	화일(file)
두뇌/컴퓨터	캐시메모리	메인메모리
체력	순발력	지구력
군대체제	5분대기조(별동대)	정규군
인체신경	교감신경	부교감신경
체내방어군	백혈구	림프구
전투방식	돌격방식	전략적

1-3-11.자연물 형성원리: 모든 자연의 **현상체**(체體와 용用)는 **줄기체**(體)와 설계 역할의 **씨알체**(用)로 만들어진다.

단조화와 편조화의 발생

1.편조화는 우월한 힘(능동자)을 가지므로 일단 이것(우월한 힘)의 존재를 확인한다.

2.편조 추이 발생 시 단조화에서 국소(局所 Local)적으로 편조화(뭉치는) 가능성이 있다(clustering 효과).

3.편조 추이가 조정을 받고 다시 편조 추이가 발생되면 편조화 구조가 유지되고(극대와 극소 준점이 계속 유지되거나 상향된다), 원점으로 되돌아가면 확장된 경계를

가진 단조화가 된다.

    4.주식에서 낮은 가격에 사지 말고, 오르는 경향이 있는 상황에 매입하라. 낮은 가격에 사면 낮아지는 경향에 사는 것이므로 더 떨어질 수 있다.

예)1.고대 중국의 주(周)나라는 별로 크지 않은 나라이었다. 그러나 진나라가 전국을 통일하며 큰 영토가 되었다(편조 추이). 그 후 중국은 만리장성을 기점으로 동서남북 영토가 크게 또 작게 확장 및 축소를 반복하여 오늘에 이르렀다(단조화로 닫힌계).

    2.로마는 소도시로 출발하였다. 그러나 특유의 우수성(우월자)으로 국가적 위기도 있었지만 계속 영토를 확장(편조 추이)하였다. 그 후 일정 영역에서 단조화가 되다가 외적의 침입으로 망하였다.

2. 각 분야별 적용

-1.과학(물리)

2-1-0.역학적 좌표계

절대적 좌표계란 그 어떠한 역학적 간섭(**우월**적 힘)도 받지 않는 운동 자체만으로 기술되어지는 좌표계이다.

상대적 좌표계란 일정공간 내에서 모두가 우월적 힘의 영향을 받는 공간 내에서 기술되어지는 좌표계이다.

2-1-1.**운동 원리**: 상대적 좌표계에서의 (우월적 힘의 영향권 내에 있는 모든 물체의)운동의 기술형태는 절대적 좌표계의 운동기술형태와 동일하다.

  -.중력(우월적 힘)의 영향을 받는 중력장 내의 모든 질량을 가진 물체는 절대적 좌표계처럼 기술된다.

  -.달리는 기차(우월적 힘: 일정 속도v)내의 모든 물체는

속도v에 무관한 좌표계로 기술된다.

-. 광속도 **일정**의 법칙: 우월적 영향(질량과 전하)을 받지 않는 빛은 중력/전화좌표계에서 속도가 일정하다.

참조)달리는 기차 안에서 공을 던지는 경우 공은 이미 달리는 열차의 속도를 갖고 있고(우월적 힘에 지배를 받는) 물체 특성상 손바닥과의 반발력으로 절대적 좌표계에 대해 (열차)속도를 더해질 수 있으나, 열차 안에서 빛을 발생시킬 경우 빛은 열차 속도(우월적 힘)의 지배를 받지 않으므로 당연히 절대좌표계와 동일한 속도를 갖는다.

2-1-2. 운동원리 **부칙**: 우월력이 다른 두 상대좌표계 A와 B 경우 시공간은 두 우월력의 차이로 다르게 된다(절대좌표계는 우월력=0으로 간주).

2-1-3. 시간지연: 우월한 힘에 영향을 받지 않는 빛은 절대좌표계와 상대좌표계에서의 경로(속도는 벡터)가 다르며 이것이 시간지연을 야기해 시공간에 영향을 준다.

참조)특수 상대성이론의 두 가지 가정 즉 관성좌표계의 상대성원리와 광속도 불변원리는 위와 같이 하나의 개념(우월한 힘)에서 나온 것이다.

-. 광속도 최대의 원리: 물체의 운동이란 에너지의 공급(차만큼의 공급)을 받아 이루어진다. 그런데 물의 경우 상(相)변화가 일어나기 때문에 공급된 에너지로 물의 온도를 올린다. 그러다가 끓는점(100도C)에 도달하면 더 이상 온도는 올라가지 않고 일정하게 되면서 공급되는 나머지 에너지는 물의 증발에 기여한다.

빛 즉 광자의 경우도 마찬가지이다. 우리가 성냥을 켤 경우 아주 작은 입자가 순간적으로 속도를 높여(질량이 매우 작은 입자) 광속에 이르면 빛이 발생되며 일종의 상변화로 광속도까지만 속도를 낸다.

2-1-4. 물질파 발생: 상대적 좌표계 안에 있는 모든 물체(우월적 힘에 의해 영향을 받는 물체)는 우월적 힘에 의한 일시적 불균형으로 그 자리에서 사행(蛇行)의 진동운동을 하며 그것이 물질파로 나타난다.

2-1-5. 量群원리: 역치의 원리에 따라 세상 모든 것(물질/에너지)은 기본덩어리(Quantum)로 구성 전개된다.

-. 양군(Quantum)이 낱개로 움직이면 Newton역학에 따르고, 모여서 집단으로 움직이면 통계역학을 따른다.

2-1-6. 자연 역학법칙

-1. 흐름법칙(변화): F= NA (N:관성 크기 A:변화의 크기)

예)1. 뉴턴 역학 F= ma(m:질량−관성 크기, a:가속도)

2. 열역학 Q= mcT(c:열용량−관성 크기, T:온도차)

-2. 총량법칙(보존): L= 시강변수I*시량변수Q

예)1. 에너지= 힘*거리

2. 총 전기 사용량= 와트(일율)*시간

3. 일의 총량= 맨(man)*Day (2명이 3일= 3명이 2일)

*흐름법칙에는 반작용의 법칙(편조화)이 적용되고 총량법칙에는 보존의 법칙(단조화 compact)이 작용한다.

*에너지 자체로는 아무 의미가 없다. 두 곳의 에너지 차가 발생되어야 변화인 힘(動力 Driving force : 유위의 원리)이 생기고 이것에 의해 변화가 유발된다.

동력: 증기압/전위차/자속변화(모터)

-3. ★에너지 소모 극소의 원리

1. 퍼텐셜 에너지가 낮은 쪽을 선호한다.

2. 진행 방향의 법칙: 에너지 소모 극소 쪽으로 진행

-에너지의 이동은 큰 곳에서 적은 곳으로,

　물질은 저항(관성)이 적은 쪽으로 진행한다.

-★화학반응 진행의 원리: 충돌빈도수가 많은 것에서

　적은 쪽(저항이 적은 쪽)으로 진행한다(물의 증발

　이유: 기체가 액체보다 충돌빈도가 적음).

*충돌빈도 인자(因子): -내부에너지(G): 속도

　-엔트로피(S): 평균자유행로(MFP)의 크기

　-이온화 경향: 전기적 에너지

*충돌빈도수가 적다: 평균자유행로(Mean Free Path)

　가 길거나(엔트로피), 속도 느림(내부에너지G).

-4.★유체/파동 등: 수량과 빈도수가 중요

　-양군 속도= 이동 수량/시간, -에너지E ∝빈도수h v

2-1-7.★자연계 진화의 원리: 우월한 힘이 선호하는 방향

　예)아름다운 꽃은 스스로 진화된 것이 아니라 우월한

　힘인 인간의 선택에 의해 개량 변천된 결과이다.

-2.경제

2-2-1.시장의 형성 법칙(수요 우월의 법칙):

*자본주의의 본질은 시장의 형성에 있다.

*시장형성은 수요의 관성을 깨는 것이다. 수요(필요)에

　의해 공급(발명)이 창출된다. 수요의 편조화가 시장을

　형성하는 우월자이다. 단, 국소적 편조화 경우에는 공

　급이 우월자가 된다.

　예)신발회사의 두 영업사원이 아프리카에 판매차 출장

　　갔다 돌아와서 출장보고서에 한 사람은 그곳 사람

　　들은 맨발로 다녀 시장성이 '없습니다.'라고 보고

　　했고 다른 사람은 그곳 사람들은 맨발로 다녀 시장

이 '무궁무진 합니다.'라고 했다.

*이것을 쌍대개념(MAGIMIN)으로 해석해 보자.

쌍대 개념: (나의 과잉상품 A)*(너의 부족상품 A)

이중 쌍대: (나의 부족상품 B)*(너의 과잉상품 B)

→ 여기서 나와 너 사이에 A와 B **상품의 교환**이라는 행위가 발생한다. 이것이 화폐의 발생으로 경제의 개념이 형성됨

참조)코로나19로 유흥점의 영업시간을 단축해도 뒷문으로 계속 영업하는 것은 수요(고객)가 있기 때문이다. 이것은 유흥점을 제재하는 것보다 그곳을 찾는 사람들(수요)에 대해 아주 강력한 벌금을 부과하는 것이 훨씬 확실한 방법이다.

마약 공급책을 잡는 것보다 마약 중독자를 철저히 중죄로 다스리면 마약 공급업자는 자연히 사라진다. 살인을 지시한 사람하고 지시받고 살인한 사람 중에 누구 더 나쁜가? 지시받은 사람(공급)이 거절해도 다른 사람을 시킬 수 있지만 지시한 사람(수요: 필요)을 막으면 살인이 멈춰진다.

2-2-2.시장관성의 법칙: 외부에서 우월한 힘이 작용하지 않는한 시장은 일정한 단조화 패턴(시장의 관성)을 계속유지한다.

부칙: 각 시장은 고유의 관성의 크기를 갖는다(마치 각물질들은 고유의 질량을 갖는 것과 같다).

2-2-3.시장력(力)의 법칙: 시장에 우월한 힘(force)이 작용할경우 시장은 편조화 패턴(흐름의 법칙)이 된다.

*시장력(力) M

= 변화(수요)에 대한 저항R * 변화 정도(가속도)A

(변화정도= 변화(수)량/시간)

*시장에너지(총량)= 힘*거리(수량)

총수요= 활동수요K+ 잠재수요P

닫힌계 에너지 보존법칙: $K_1 + P_1 = K_2 + P_2$

예)신발 영업사원의 경우 한 사원은 K= 0, P= 0으로, 다른 사원은 K= 0, P= 가능수량으로 본 것이다.

부칙:마케팅의 법칙)마케팅(marketing)의 제1과제는 자신이 공략하려는 시장에 대한 관성의 크기(변화에 대한 정도)를 파악하는 것이다.

통화용량: 통화량이 소비로 가는 흐름에 대한 저항성

2-2-4.시장의 가격결정 법칙

*1.단조화 시장에서 상품은 수요에 따라 공급가 결정

*2.편조화 시장: 먼저 형성된 높은 가격이 시장가격 형성(부동산이나 주식이나 신고가의 가격이 추후 시장가격을 형성한다. - 주식에서 저항선이 뚫리면 저항선이 지지선이 된다).

편조화의 경우 '극대 우선법칙'에 의해 가격 높은 쪽이 시장 가격을 형성한다. 편조화는 우월한 힘에 의해 움직인다고 했는데 시장의 방향이 경제에서의 우월한 힘에 의한 것이다.

*3.주식거래 특성

주식은 공급가/수요가를 미리 각각 설정(presetting)한다. 횡보가 아닌 상승 또는 하락국면 시(편조화 경우) 능동매매와 수동매매가 존재하며, 가격은 능동매매가 선도한다.

2-2-5.시장경제에서 발생되는 문제점

*1.(수요와 공급의)시간상의 불균형:

시간상의 문제 즉 서로 다른 리드타임(lead time: 거래대금 또는 물건 준비기간)으로 인한 불균형

수요란 돈에 의해 좌우되듯이 공급은 실물에 의해 좌우된다. 그런데 돈에 대한 창출은 예를 들어 저금리인 경우 대출 등을 통해 바로 가능하지만 실물에 대한 창출은 일정시간의 지연이 생긴다(농산물은 1년, 건축은 수년 등).

예)금년에 공급부족으로 인해 배추 가격이 이상 급등하면 농가에서는 다음 해에 이득을 보기 위해 너도나도 배추를 심는다. 많은 농민들이 이런 생각을 가지고 있으므로 정작 내년에는 배추의 공급과잉으로 가격이 폭락하게 된다.

예)주택 특히 아파트의 경우 금리 인하로 수요는 즉시 발생되나 공급인 주택 건설은 몇 년이 걸리므로 수급 불균형에 의한 가격 이상이 발생된다.

*2.(수요와 공급의)수량의 문제로 인한 불균형

-.공장: 수요 증가로 공급(시설)을 확장한 후 수요가 줄 경우, 잉여시설과 인력 발생(비정규직 문제)

사실 이 문제가 가장 해결하기 어려운 문제이다. 수요가 급증할 때 공장을 확장하다가 수요가 줄게 되면 확장된 장비 및 여유 인력 처리가 난감하다. 그래서 국가적 차원의 완충장치가 필요하다.

예)코로나19의 팬데믹 문제로 마스크 사용이 급증하였다. 그런데 여러 경제 사정상 마스크 벗는 것을 허용하게 되면 그동안 확장한 설비와 인력에 대한 대책이 문제로 대두될 수 있다.

-.주택: 공급부족으로 정책 등에 의해 건설 증가 시

수 년 뒤 공급증가로 미분양 발생

*3. 국소적(局所的)불균형: 고교학군제로 강남 등으로의 국소적 불균형 초래하여 이상 급등

이것이 도화선이 되어 전체적 집값 상승

- **추첨제**로 변경 요(要)

2-2-6. 시장의 철칙(鐵則 iron rule): 시장에 맞서지 마라. 편조화 시장은 우월한 힘을 가지고 있다.

예)1. 주식이 급등 또는 급락하는 것은 이유를 모를 때가 많다. 이에 맞서다가는 큰 낭패를 본다.

2. 한국 부동산이 2007년과 2020년 정부정책이 나올 때마다 급등하는데 이것은 시장에 맞서는 정책을 내놓았기 때문이다.

손익(에너지)관련 법칙

2-2-7. 악재화 선호의 법칙(악재우월의 원리)

*악재화: 손쉽게 이득을 취할 수 있는 비정상적 경제행위의 대상이 되는 재화

예)금융위기로 이를 극복하기 위해 생산 및 소비의 활성화가 목적인 금리인하를 하는 경우 의외로 풀린 자금은 소비 진작이 아닌 손쉽게 돈을 벌 수 있는 부동산으로 흘러들어간다.

금리 인하 시 문제점

*악재화 쪽으로 돈이 흘러감(부동산과 주식)

*잘나가는 대기업은 저금리의 이점으로 그들만의 잔치를 한다. 자체 상여금이나 자동화에 투자한다.

*자동화/기계화의 미래 산업이 기술은 발전하되 점점 더 고용 축소를 유발하여 선순환이 깨진다.

대책)돈을 풀 때(금리 인하 경우) 가장 중요한 것이 **돈**

이 악재화로 흘러들어가게 하지 않는 것이고 이를 위해 적극적인 정부(우월한 힘)의 관리개입이 필요하다.

2-2-8.경제정책

1.기본 rule: 기호재는 시장 자유경쟁에 따른 상품 가격 변동에 의한 매매, 필수재는 상품이 아닌 국가 관리의 가격 조정(예: 공급부족 시 정부 비축량을 통한 시장 방출로 가격 변동 최소화) 필요

2.재화= 자유재+ 경제재(필수재+ 기호재)

*필수재: 전기/가스/물, 서민주택(전용85㎡ 이하), 기본의류, 기본식단재료, 기본의료보험, 노년직장

*기호재: 명품, 외식, 중대형주택(아파트 경우 전용 85㎡ 초과), 개별의료보험 등

3.방법

*기호재는 **자본주의(자유경쟁)** 시장체제를 적용

*필수재는 **국가차원 관리, 완충(Buffer)**장치 이용

-완충장치:

1.필수재의 경우는 시장형성 금지(특히 주택)

필수품 정부 보유로 가격 급등 시 방출

2.정부차원 완충기업 설립하여 노년층 일자리 창출하여 노년에도 일에 대한 귀중함을 인식시킨다.

-주택 관리

1.1세대1**필수**주택만 허용

필수재의 1세대1주택 대출/세금 등 최대 편의 제공

필수재 주택인 경우 양도소득세 최소한으로 적용 (어차피 이사 가면 비슷한 지역인 경우 동일 가격 수준의 집을 다시 구입해야 하기 때문)

2.기호주택은 1세대다주택에 대한 제한 없음(단 기호

주택을 보유한 사람은 필수주택 구매 불가)

3.주택공급 시 필수재는 80%, 기호재는 필히 전체 공급수의 20% 이하로 공급 수량 제한

중요)주택이 필수재인 경우 상품으로 보면 안 된다. 이들 매매는 철저히 국가에서 방지하여야 한다. 따라서 저금리를 이용해 갭투자나 임대사업 등에 대해서는 기호재에만 적용한다. 전월세는 매년 초에 그 해 전월세 가격 제한 선을 해당지역의 전년도 하반기 평균 매매가의 55%로 책정한다.

2-2-9.경제대공황의 발생2요인

1.요건: 타인자본(빚-버블)이 한계치 초과(폭탄의 장약)

자본시장이 확대되고 금융업의 발달로 실물경제와 더불어 신용경제의 증가로 인한 한계치 발생

2.Trigger: 빈부의 큰 괴리로 수요의 급격한 감소(뇌관)

시장의 발달로 빈부의 괴리가 발생하는데 그 괴리만큼의 소비 수요가 따라주지 못함. 즉 2배의 수입인 사람이 한계효용의 법칙에 의해 2배의 소비가 이루어지지가 않는다.

3.도미노 발생: 한 개의 회사가 도산 시 연속적으로 다른 회사들이 도산될 수 있게 경제 단체들이 서로 연계(연결)되는 정도가 가까운 경우(애버런치효과)

-3.법에 관하여

2-3-0.법의 제1덕목: 시행하여 재발이 되지 않게 하는 것

-에너지 소비 극소의 원리: 저지른 범죄로 인해 얻어지는 총수입(이득)과 법에 의해 반환되는 총지출의 차가 크다면(불법에 의한 이득이 크다면) 그 범죄는

항상 재발할 수 있다.

-**범죄 인플레**: 경제에서 **금전의 가치가 떨어지면** 물가에 대한 인플레 현상이 발생된다(물건 값이 올라간다). 법에 있어서도 마찬가지로 **법의 가치가 떨어지면 범죄 인플레** 현상(범죄에 대한 죄의식 약화로 점점 더 큰 범죄를 저질러도 죄의식을 못 느끼는 현상)이 발생된다.

-★그래서 법은 철저히 **피해자 위주**가 되어야 한다. 현행은 너무나 가해자 위주이다. 범죄를 저지른 사람에게는 인권이란 더욱더 악행을 조장하는 수단일 따름이다. 가해자에게 피해자의 손실보다 더 큰 벌을 주어야 동일 범죄가 발생하지 않는다. <u>악인을 옹호하는 사람은 자신도 악인이 될 수 있다고 생각하는 사람이다. 가해자에게 벌을 약하게 주는 것은 법을 시행하는 사람도 같은 범죄를 저지를 수 있다고 생각할 수밖에 없다</u>(집을 소유한 부동산정책 입안자는 전세대책을 제대로 내놓지 못한다).

인권이란 범법자에게는 **강하게 처벌**하면서 처벌 방법이나 수단 등에는 **최대한 보호**(교도소 환경 개선, 재활 여건 최대 제공 등……)를 해주는 것이야말로 진정한 인권 보호이다.

국회의원(우월한 힘)이 나쁜 사람이면 나쁜 불평등한 법과 판결이 나올 수밖에 없다.

그러니 **도덕성**이 국가 업무자의 제1덕목이다.

2-3-1.법이란 누가 보아도 이해되는 상식적인 것이어야 한다. 죄를 지어도 적용할 법이 없어 처벌을 못한다는 우(愚)를 범하면 안 된다.

★법은 간단하다. 타인에게 손실을 가하면 범법자로 인
정하고 손실 준 것보다 더 많은 벌을 주는 것이다.

  예)세종대왕께서 한글을 창제하신 가장 큰 목적은 나라
  에서 법령을 제정 반포하여도 글(한자)을 모르는 백
  성들이 법령 내용을 몰라 위법행위를 하는 것을 보
  고 쉬운 한글을 창제하게 되신 것이다.

2-3-2.법은 포괄적이어야 한다.

  (빠져나가는 구멍을 만들면 안 된다).

  법은 2가지 형태 즉 positive규범과 negative규범이 있
  다. positive규범이란 어떤 허가의 규범을 정해 놓으면
  그 외의 모든 것은 하지 말라는 것이고, negative규범
  은 하지 말라는 규범을 정해 놓으면 그 외의 것은 하여
  도 된다는 것이다.

  예)사냥개가 입마개를 하지 않아 사람을 물었다고 한
  다. 규정상 이 사냥개는 입마개를 해야 하는 견종에
  속하지 않기 때문에 견주가 무죄라는 것이다(입마개
  미착용 금지 견종을 정하고 나머지는 입마개 미착용
  허용—negative규범). 이것은 법이 잘못된 것이다.

  즉 개의 경우 대체적으로 위험소지가 있기 때문에
  안전한 즉 순한 견종을 지정해 입마개를 하지 않아
  도 좋다(미착용 허가)고 규정하고 그 외의 견종은
  전부 입마개를 해야 한다(미착용 금지)는 규정이 올
  바른 것이다. 그러면 사냥개가 입마개를 하지 않아
  사람을 무는 경우는 발생하지 않을 것이다.

-4.신체

2-4-0.신체의 기본원리: 효율적 운용

1.에너지 보존의 원리(총량의 법칙): 섭취한 에너지(음식물, 공기 등)와 사용한 에너지의 총합은 같다.

   -.음식 등을 섭취 시 최대한 효율적으로 섭취한다.

   예)인간이 튀김류 같은 기름진 음식을 좋아하는 이유는 지방은 탄수화물이나 단백질에 비해 높은 에너지를 내기 때문이다.

   -.에너지 사용의 경우 가능하면 외부 도움을 받아 신체 에너지 소모를 절약한다.

   예)병이 생기면 실내 온도를 따듯하게 하거나 에너지 소모가 적은 유동식(죽 등)을 섭취한다.

2.이원적 대응체계

   -.신체 방어 메커니즘

   신체가 신속을 요할 시 쌓기(pile)의 방식에 따라 5분대기조 같은 기동대를 설치한다(과립구). 반면에 신중을 기하는 경우에는 분류(filing)의 방식에 따라 대응 전력(림프구)을 만들고 효율적 대응을 선택해 반응한다(시간적 지연).

   참조)부교감체질의 경우 정규군 전투(특공대가 아닌)이므로 변이가 많은 질병 경우(감기, 코로나19 등) 수많은 변이에 대응해 항체를 체내 만드는 것은 비효율적이라 항체는 일정기간만 유지하고 그 후 병원균 침투 시 T세포에서 훈련시켜 면역체계를 가동한다. 그래서 대응이 늦지만 효율적이 된다(감기는 약 먹으면 7일 안 먹으면 1주일 후에 낫는다). 그래서 코로나19 같은 경우 백신 맞은 후 기간 경과 후 항체 소멸됐다고 계속 맞는 것은 재검할 필요가 있

다. 문제는 T세포에서 훈련체계가 되어 있는가
하는 것이다.

-.인간 뇌의 작동

인간의 뇌의 기억장치에는 주기억장치(filing 분
류)와 캐시메모리(pile 쌓기)가 있어 캐시메모리가
발달한 사람은 즉각적 대응이 빠르고 반면에 주기억
장치가 발달한 사람은 학습과 기타 대응이 느리나
완전 파악 후에는 대응력이 완벽하다.

-.신체 근육에 있어서도 두 가지가 있다.

순발력(pile)과 지구력(filing)으로 나눌 수 있
다. 각각 발달된 정도에 따라 단거리 달리기 또는
장거리 마라톤에 적합하게 된다.

여담)필자는 전형적인 화일링(filing)타입이다. 그래
서 공부하거나 무언가를 익힐 경우 처음에는 매
우 따라가는 것이 더디다. 그런데 어느 정도 교
육을 받고 머릿속에 지식들이 화일링(filing)되
면 즉 전체적으로 이해가 되면 그 이후에는 숙달
속도가 매우 빠르다.

3.건강한 신체란?

신체란 무조건 유익한 균이 신체에 많으면 좋은 것
이 아니다. 모든 것이 적정량(量)이 있어야 한다. 유
익균과 유해(?)균이 서로 균형을 이루어야 한다.

피부 또는 위장 점막의 경우 유익균과 유해균이 균
형(balance)을 이룰 때 건강한 상태라고 한다.

예)따라서 손이나 피부를 자주 비누로 씻으면 유해
균뿐만 아니라 유익균도 소멸된다. 그래서 적정
량이 중요하다.

4.신체는 길들이기 나름이다.

　　신체는 뇌라는 중앙처리장치에 의해 전체가 관리된다. 그러나 모든 것을 관리할 수는 없기 때문에 각각에 자체 대응기전이 있다. 이것들은 신체가 반복해서 행하는 습관에 조정되어 있다. 즉 각각의 반응에는 고유한 반응 역치가 존재하여 이 역치를 신호로 반응의 유무가 결정된다.

　　따라서 자신에게 적합한 건강을 유지할 수 있는 반응역치를 길들이는 것이 중요하다.

　　예)변비가 있는 사람이 변의(便意)가 있어도 참는 경우가 반복되면 역치 값이 변해 더욱더 변비가 심화된다.

　　변비)대변의 진행은 진행방향 힘에 비례하고 저항성에 반비례한다.

　　-힘(압력) 키움: 식사량을 많게, 복부근력 키움

　　-저항 작게: 물을 자주 먹음, 배변주기 짧게

　　*tip)양변기에 앉아 발을 앞으로 쭉 뻗고 상체가 무릎에 닿을 정도로 숙이면 배압이 증가하여 배변이 용이하다.

2-4-1.병(病)과 신체 방어: 전쟁과의 비유

　　평소에 신체는 병원균과 방어력의 균형상태이다. 이 두 가지는 마치 전쟁 상황과 비슷하다.

　　피부는 우군의 성곽과 같다. 병원균은 공성전을 펼치는 적군과 같다. 자신의 면역력과 상대 병균의 공격력 중에서 자신의 면역력이 약화되면 급히 지원군(약藥)을 불러야 한다. 그런데 너무 지원군에게 의존하면 자체 방어력이 약해지고 또한 지원군의 특성을 적군

(병원균)이 파악하면 역시 전쟁에 불리하게 된다.

　　자체 방위군은 긴급 **별동대**(과립구 pile)와 **정규군**(림프구 file)이 있고 이에 따라 체질이 나뉜다.

2-4-2. 신체 기본 감각 기능의 특징

　1. 눈: 눈의 작동원리는 렌즈 구실을 하는 수정체를 주위 근육이 잡아당기거나 풀어주어 볼록한 정도를 조절하여 근거리와 먼거리를 볼 수 있다. 따라서 눈은 눈 주변 근육의 피로를 풀어주는 것이 중요하다.

　　책을 너무 가깝게 보면 눈의 근육이 수정체의 볼록한 정도에서 계속 경직되어 결국 근시가 된다.

　　눈은 근육과 가장 관련이 있어 근육과 관련된 장기인 간(글리코겐 저장)과 상관관계가 있다.

　　-1. 가끔 먼거리를 바라본다.

　　-2. 눈 주변의 근육을 마사지해 준다.

　　-3. 뜨거운 수건이나 손바닥을 비벼 눈 전체에 갖다 대고 온열찜질을 한다. 피로 누적으로 눈이 순간적으로 열 수반 시는 냉찜질한다.

　　-4. 눈동자를 좌우상하 바라보면서 움직여 눈의 근육을 수축이완을 통한 운동을 한다.

　　*1차 방어력: 눈썹, 눈물

　2. 코: 코는 습(濕)한 것을 좋아한다. 코는 폐로 공기가 들어가는 직접적인 통로이다. 그런데 폐는 습한 것을 좋아하므로 코도 습한 상태의 유지가 중요하다. 가끔 뜨거운 수건으로 코 부위를 덮어주어 습기를 유지한다.

　　-2. 건조할 때 마스크를 쓴다. 코는 폐와 직통으로 연결되는 기관이어서 병원균에 취약하다(피부

같은 1차 방어체가 없다). 마스크는 외부에 대한 피부와 같은 방어체 역할뿐만 아니라 습도 조절에 매우 유익하다.

　*1차 방어력: 코털, 콧물, 점막

3.귀: 귀는 건조한 것을 좋아한다. 그래서 귀에 물이 들어가면 가능한 빨리 제거한다.

4.치아: 입의 건강은 치아 건강과 직결된다. 건강한 치아는 5복(五福) 중의 하나라 할 정도로 중요하다.

　치아는 자신의 것을 최대한 유지하는 것이 중요하다. 그래서 치아는 흔들리는 것이 가장 안 좋은 경우이다. 충치가 생기면 치료와 덮어씌움(crown)을 통해 해결할 수 있으나 흔들리면 어쩔 수 없게 뽑게 된다. 잇몸 관리는 치아가 흔들리는 것을 최대한 방지한다(나무뿌리에 덮은 흙이 나무를 보호하듯).

　부실한 잇몸 관리의 대표적인 것이 잇몸퇴축으로, 잇몸퇴축은 딱딱한 것을 씹을 때 위로 또는 아래로 조각들이 잇몸을 찌르면서 밀어내고 또 조각들이 그들 사이에 끼여 잇몸과 치아의 결합력을 약화시켜 발생한다. 이것이 반복될 때 치명적이 된다.

　-1.가능하면 딱딱하거나 질긴 것은 먹는 것을 자제한다.

　-2.칫솔질은 수직 칫솔질로 최대한 이빨 사이에 낀 찌꺼기를 제거한 후 수평 칫솔질로 보충한다.

　-3.소화기관(입, 소장, 대장)은 전부 단백질인 근육으로 구성되어 있다. 단백질은 열에 취약하다. 그러니 뜨거운 음식은 가능한 조금 식혀서 먹는다.

-4.(입)구강호흡을 하지 않고 (코)비강호흡 한다.

*1차 방어력: 침, 재채기

5.피부: 피부는 혈관에 대한 최종 방어책(성벽)이다. 피부가 다치면 피부 표면에 있는 유해균과 유익균의 균형이 깨지며 유해균의 신체 침투가 발생된다.

-1.피부에 상처가 생기면 흐르는 물로 씻는다.

-2.피부에 상응하는 것 즉 일회용 밴드를 꼭 붙인다. 가벼운 상처라고 이를 무시하면 그리고 반복되면 침투된 병원균에 의해 신체 방어력의 약화를 초래한다.

*1차 방어력: 털, 땀

추가)피부의 저온동상: 동상총량= 단위세기*시간 약간 추운 곳에서도 장시간 있으면 총량크기가 동상유발에 다다라 동상 걸림(저온화상도 마찬가지). 온도는 에너지 단위로 총량법칙

2-4-3.신체 각 장기의 특징

1.소화기관: 소화기관은 입의 치아를 제외하고는 배설까지의 통로가 단백질(살)로 이루어졌다. 그런데 단백질은 열과 딱딱한 물질에 약하다. 그래서 너무 뜨거운 것 또는 딱딱한 것을 삼가야 한다.

인간이 섭취한 음식물은 그대로 즉 탄소화물/단백질/지방 형태로 체내 흡수되는 것이 아니라 분해되어(아미노산/당류/지방산과 글리세린) 흡수된다. 이것을 소화(消化)한다고 한다. 소화기관은 입에서 하는 기계적 분해와 장에서 하는 화학적 분해가 있다. 입에서 기계적 분해(잘게 쪼개기)를 잘해 주어야 여러 소화 장기(특히 췌장)의 부담이 적어진다.

-1. 뜨거운 또는 딱딱한 것을 가능한 삼간다.

-2. 입안에서 음식물을 최대한 많이 오래 씹는다.

2. 심장: 심장은 인간에게 제일 중요한 장기이며 평생 일을 한다. 그래서 가능한 부담을 줄이고 건강상태를 유지한다. 특히 다리 근육은 밑으로 내려간 피를 심장으로 되돌리는 데 중요한 역할을 하므로 다리 건강이 매우 중요하다.

　심장은 모든 신체 장기 중에 가장 중요하며 이것은 태어날 때부터 일정 총량의 크기가 각자 다르게 정해져 있다. 운동을 통해 약간 변화가 되지만 이 총량이 다 소진되면 심장의 수명도 끝나게 된다.

　심장 총량(총량의 법칙)= 펌프강도* 펌프빈도

　1. 운동을 적당히 하면 심장 강도가 커진다.

　2. 운동을 심하게 하면 박동수가 빨라져 즉 빈도가 높아져 심장에 악영향을 준다.

　3. 다리 근육이 약하면 피를 다리에서 심장으로 끌어올리기 위해 펌프강도를 크게 해야 하므로 심장에 악영향을 준다.

*1. 가벼운 산책을 통해 심장의 건강을 유지한다.

*2. 다리 근육을 키워 피가 심장으로 되돌아가는 것을 돕는다.

여담)사람에게 있어서 피가 흐르는 혈관 중에 모세혈관은 매우 중요한 역할을 한다. 신체에서의 모세혈관 수는 매우 많으며(수십억 개?) 그 기능은 마치 고속도로의 회차로(回車路) 같은 역할을 한다. 그래서 신체 일부가 절단되어도 피는 모세혈관을 통해 심장으로 되돌아가므로 상처부위가 지혈만 되면 신체는 정상적으로 작동한다. 독사에 물려도 위 부분을 줄로 동여매면 독이 심장 쪽으로 가는 것을 어느 정도 방지한다. 한의학에서 말하는 혈도(穴道)가 모세혈관과 같은 개념이다. 모세혈관의 신축성이 좋아야 혈액의 흐름성(회귀력)이 좋아져 건강에 중요한 요소가 된다.

3.폐: 폐는 호흡에 관여하는 자신의 근육이 없고 횡격막과 주변 호흡근의 상하운동에 의해 호흡이 이루어진다. 그래서 폐활량을 늘리려면 횡격막 운동이 큰 복식호흡을 많이 해야 한다.

 -1.복식호흡을 통해 폐의 흡입용적을 극대화한다.

 -2.구강호흡은 절대 금물. 코로 호흡을 하여야 비강 속의 여러 방어체가 나쁜 물질을 걸러낸다.

4.간: 간은 소화기관에서 소화된 영양분에 대하여 제일 먼저 거치는 장기이므로 가장 중요한 기능인 유해물질 해독을 담당한다. 그러므로 가능한 독소 있는 음식물을 먹지 않아야 간의 부담이 덜어진다.

여담)물은 차가우면서 아래로 내려가는 성질이 있고 불은 뜨거우며 위로 올라가는 성질이 있다. 사람이 물을 먹으면 소화기관을 통해 아래로 내려간다. 그래서 하복부는 차가울 수밖에 없다. 반면에 뇌는 사람이 가장 에너지를 많이 소모하는 곳이고 또 뜨거운 열은 위로 올라가기 때문에 사람의 머리는 뜨거울 수밖에 없다. 그래서 건강 수칙 중의 하나가 두냉족열(頭冷足熱) 즉 상층부의 뜨거워진 머리는 차갑게 하고 하복부의 차가운 다리는 뜨겁게 하는 것이다.

무협에 나오는 주화입마(走火入魔)는 뜨거운 머리가 더욱 뜨거워지고 차가운 다리가 더욱 차가워져 신체의 부조화로 위험한 상태에 이르는 것을 말한다. 호흡법의 하나인 복식호흡의 대순환 호흡은 이러한 불균형의 온도차를 되돌려 주는 호흡이다.

5. **건강원칙**: 무생물과 달리 생명체는 자기 회복기능(역치)이 있다. 그래서 운동을 주기적으로 하되, 회복기능이 작동할 정도만 하고 회복을 위해 주기적 휴식기를 가져라.

2-4-4.발병(發病)시 대책

1. 이원적 대책: 사람에게 병이 발생하면 그냥 병원에 가는 것이 가장 무난한 방법이다. 그러나 이것은 마치 적군이 쳐들어오면 대응해 싸우려는 생각은 없고 지원군만 기다리는 것과 같다. 그래서 자신의 면역력으로 무찌르는 자세를 길러야 한다.

2. 발병 시 1차적 대처

   -1.몸을 따듯하게 한다(면역력 증가).

   -2.음식은 유동식(죽)을 섭취한다(소화시키는 것이 많은 에너지를 소모한다. 그래서 가능한 에너지를 병균과의 싸움에 할당하고 소화는 최대한 부담이 적은 것으로 한다).

   -3.고열량의 소화 용이한 것(예: 초콜릿) 섭취(에너지 증가로 순간적 면역력 증진)

3. 사람의 신체는 대치의 원리에 따라 음과 양이 적절히 균형을 이루는 상태가 건강한 신체인 것이다. 이것을 음양화평지인(陰陽和平之人)이라고 하는데 병이란 이런 균형이 깨어진 즉 편조화가 발생되는 것을

말한다. 이를 해결하는 방법은 실사허보(實瀉虛補) 즉 넘치면 덜어내고 부족하면 채우는 방법이다.

- -.위장에 열이 많으면 대체로 차가운 성질의 음식을 섭취한다.
- -.위장이 습하면 습기를 제거하는 식재료 즉 밀가루, 귀리 등을 섭취한다.
- -.간은 발산의 장기인데 발산의 힘이 약해 해독기능이 원활하지 못하면(피로를 잘 느낌) 발산의 식재료 즉 칡, 민들레 등을 섭취한다.

종합) 자연 원리: <u>자연과 사회는 우월한 힘에 의해 진행된다.</u>
- -.진화: 생물은 우월종(인간 등)의 의지에 따라 진화된다.
- -.경제: 경제는 돈의 힘(금리/환율)에 의해 변화한다.
  - : 부동산의 모든 정책도 백약이 무효였으나 금리(우월한 힘)를 올리니 저절로 (어느 정도) 안정되었다.
- -.사회: 생명체와 모든 인간은 이익(우월)을 좇아 행동한다.
  - : 악재(악화)는 양재(양화)를 구축한다.
- -.물리의 상대적 좌표계(우월한 힘 작용)는 절대적 좌표계와 동일한 운동 법칙을 따른다.
- -.화학반응은 충돌빈도가 작은 쪽(자유도가 큰 -우월한 힘)으로 진행한다.